AF227482

파이낸셜 어드바이저

(재무상담가)
성공적인 실무전문가가 되는 방법

제3 수정판
이언 그린

업계 리더들의 추천사

"'학생이 준비가 되면, 책은 저절로 나타난다'라는 속담이 있다. 이 말이 무슨 의미일까? 이 말은, 우리가 변화를 이뤄내면 마치 우리를 위해서만 쓰여진 것처럼 보이는 주옥같은 진리를 발견하게 된다는 의미이다. 그리고 이것이 바로 이 책이 담고 있는 내용이다. 이언 그린은 진보적 사상가이자 열정적인 실무전문가로, 우리의 생산성을 향상시키는데 실제로 도움이 되는 세일즈/비즈니스운영에 대한 새로운 통찰력으로 우리를 안내한다."

헬렌 젠킨슨, MLIA(dip), DipLS,
백만달러 원탁회의(MDRT) 유럽 Zone Chair

"이언 그린의 책은 당신의 업무를 높여줄 실무 아이디의 보물상자이다. 이 책은 재미있으며 실무에 적용하기 좋다. 또한, 이 책은 더 나은 비즈니스맨이 되길 원하지만 과도하게 복잡한 기록물 관리를 견디지 못하는 사람들을 위해 쓰여졌다."

존 크룩쉥크
백만달러 원탁회의(MDRT) 전임 회장

"훌륭한 재무상담가로부터 나온 훌륭한 책. 이언은 재무상담 비즈니스에서의 성공에 대한 책을 저술하는데 있어, 효과적인 면서도 재미있는 책을 만드는, 매우 어려운 일들을 해냈다. 이언은 개인적인 사례를 잘 활용하여 짧은 시간 안에 성공을 이룰 수 있는 여러가지 방법에 대해서 매우 쉽게 잘 설명하였다. 오랜 기간 동안 여러 일들을 겪으며 이언과 가깝게 지내는 것은 내게 행운이었다. 재무상담업에 대한 그의 열정은 그가 하는 모든 일에서 드러난다. 그의 검증된 비즈니스 방법들 덕에 그가 자리에 없는 중에도 그의 비즈니스는 여전히 잘 돌아갈 수 있었고, 이언은 기꺼이 사업 외의 여러 일에도 시간을 낼 수 있었다. 그가 만든 포인트시스템의 응용 및 컬러 코딩 체계의 적용과 활용만 하나만으로도 이 책을 읽을 가치가 있다. 우리 업계에서 이언처럼 젊은 나이에 후학들에게 여러가지를 나눈 사람은 손에 꼽을 정도이다. 여러분이 막 일을 시작했거나, 일에서 한걸음 더 도약하기를 원하거나, 어느 경우라도 그의 열정은 도움이 될 것이다."

브라이언 D. 헤커트, CLU, ChFC
백만달러 원탁회의(MDRT) 전임 회

을 위해

M + M

과

M + D

ISBN: 978-1-8383991-6-0

서문

내가 한 해 동안 실행한 것 (그러나 직전 4년 동안은 하지 못 한 것)

이 책은 이론서가 아니다. 그렇다고 아무 얘기나 막 써놓은 것도 아니다. 이 책에 있는 내용들은 실제로 다 활용할 수 있는 것들이다. 어떻게 그렇게 장담하냐고? 내가 다 실제로 한 일들을 적어놓은 것이니까! 이 책은 내 생애 중 '1년' 동안 내가 그동안 이 업계에 있으면서 책이나, 음성이나, 세미나 그리고 대학에서 배운 모든 것들을 활용한 실제 얘기들을 적어 놓은 것이다. 이 운명적인 '1년'이 있기 전까진 나는 훌륭한 재무상담가가 되는 것에 대해 이론적으론 해박했지만, 그걸 실천으로 옮기는 데에는 그저 그런 편이었던 것 같다.

나는 컨퍼런스에서 무언가를 배워오거나 좋은 책을 읽고 나서 곧잘 좋은 아이디어들에 엄청 고무되었지만, 실천해야 할 아이디어들이 너무 많았다. 나는 이 아이디어들을 대체 어디서부터 시작해야 할지 고민만 하다가 결국 옛날 방식으로 돌아오곤 했다. 이 책에는 같은 일이 반복되지 않도록 하기 위하여, 수많은 아이디어와 컨셉들을 정제하여, 한 장의 종이에 담아내었다. 나는 그걸 석세스플랜 (Success Plan)이라고 명하였으며, 앞으로 나올 여러 장에 걸쳐 당신도 당신만의 석세스 플랜을 만들 수 있도록 모든 방법을 알려줄 것이다.

이 책이 나오게 된 계기로 돌아가자면, 인생에서는 늘 그런 일이 일어나기 마련이지만, 상황이 나를 그렇게 만들었다.

앞서 말한 '1년' 동안 나는 결혼도 하고, 첫 아들의 탄생도 보게 되고, 새로운 집으로 이사하게 되었으며, 독립하여 나만의 회사도 시작하게 되었다. 내가 그 1년동안 겪어보지 못한 것은 오로지 '죽음' 뿐이었다고 말할 수 있을 정도로 인생의 중요한 일은 다 겪은 것 같다. 나는 그 1년 동안 8달 반 정도 밖에 일하지 못했고, 내 수입의 1/3이 줄어드는 걸 보고 싶지 않은 이상 나는 더 똑똑하고 효율적으로 일해야만 했다.

그래서 난 그 '1년'이 있기 전 지난 4년동안 배운 모든 것들을 실천해보았다. 물론, 그 중의 일부는 이미 실천하고 있었지만, 체계적이지 못했고 지속적이지도 못했다.

이 책의 좋은 점은 이 책에서 배울 수 있는 정보들은 여러분이 초보자이든 이미 업계에서 경력을 오래 쌓았든 상관없이 활용할 수 있다는 것이다. 이 책을 읽는 분 중에는 이제 막 이 업계에 들어와 뭘 해야 될지 모르는 분들도 있을 것이고, 이미 업계에서 경력을 수년간 쌓았으나, 생산성에 있어서 정체기를 지나고 있는 분도 있을 것이다. 여러분의 처한 상황이 어떠하든, 이 책이 여러분께 도움이 될 것이다.

이 책을 기술하는 내내 통화에 있어서 영국 파운드화로 표기된 부분이 많겠지만, 이건 여러분들이 계계신 나라의 통화로 대체해도 전혀 문제가 없다. 여기에 적혀 있는 숫자들 그 자체는 중요하지 않다. 숫자들 간의 비율과 그것이 의미하는 컨셉이 중요점임을 주지 하기 바란다.

그리고 이 책이 여러분께 유용할 거라 확신하는 또 다른 이유는 여기에 나오는 아이디어와 컨셉이 모두 검증의 시간을 거쳤기 때문이다. 물론, 몇 가지는 나만의 아이디어지만, 대부분의 아이디어는 MDRT연차총회와 영국 파이낸셜 플래닝 컨퍼런스 등 여러가지 미팅에서 배운 것들이다. 게다가 나는 내가 산 책 들의 열렬한 독자이다. 다시 말해, 그럴 듯한 책장을 위해 읽지도 않고 꽂아 놓기 위해 책을 사는게 아니라 실제로 다 읽어본다는 얘기다.

마침내, 나는 업계의 굉장한 사람들과 함께 하면서. "거인의 어깨에 올라타라" 라는 말이 정말 맞는 말이라고 확신하게 되었다. 우리 업계에는 수년 간의 고군분투 끝에 평범함을 뛰어넘어 위대하게 된 사람들이 많다. 나는 처음부터 그 수년 간의 분투에 필요한 시간을 줄이기 위해, 나 자신을 최고로 만들어 줄 수 있는 여러가지 모델에 대해 연구하고 고심하였으며, 그 결과로 단 5년 만에 내가 원하는 결과물을 얻을 수 있었다. 이 책을 읽고, 여기에 나온 아이디어를 적용한다면, 여러분은 그 기간을 더 줄일 수도 있을 것이다.

요즘 과거의 명곡과 세기의 그룹들의 노래를 리메이크하는 것이 유행이다. 그리고 음악차트에서 인기를 얻고 있는 대부분의 노래들 역시 아이돌 가수들이 과거의 유명한 명곡들을 리메이크 한 곡들이 대부분을 차지하고 있다. 영화 역시, 이런 리메이크 바람을 타고, 주인공만 현재의 인기 있는 스타들로 바뀐 채 같은 내용으로 다시 만들어 지는 경우가 많다.

여러가지 면에서, 이 책 역시 이런 현상과 유사한 부분이 많다. 여기에 나오는 많은 아이디어와 비즈니스 컨셉이 나의 순수 창작은 아니지만, 그만큼 시대에 맞추어 진보한 최신 버전을 기술한 것이라 생각하고 즐겨주길 바란다. 그리고 내가 만든 아이디어가 아닌 차용한 아이디어에 대해서는 이 책의 부록에 그 원저자에 대해 기술하였다. 원저자를 최대한 자세히 기술하기 위해 최선을 다했음에도 불구하고, 혹시나 나의 악의 없는 실수로 누락된 부분이 있다면, 너그러이 용서해주길 바란다. 그리고 여느 책들이나 음악앨범들처럼, 이 책의 마지막 부분에 내가 감사해야 할 분들에 대해 적어 놓았다.

여러분들이 이 책을 즐기고, 또 여러분이 원하는 성공을 거두길 기원한다.

2002년 5월 이언 그린 (2020년 5월에 개정)

이 책을 활용하는 방법

업계 리더들의 추천사 iii

서문 v

Section 1, 1-4장 1

- 이 책의 배경

- 기본 다시 다지기

- 어떻게 생산성 증진을 빨리 시작할 것인가

- 비즈니스 플랜 만들기

- 당신의 수첩을 장악하라

- 당신의 재무를 컨트롤하라

- 이 섹션을 읽어야 할 사람 : 신입 어드바이저
  또는 본인의 생산성이 정체되어 있다고 느끼는 어드바이저

Section 2- 석세스플랜, 5-7장 19

- 비즈니스와 업무에 즉각적인 변화를 주기 위한
  일일계획표 만들기

- 양질의 새로운 가망고객을 지속적으로 발굴하는 방법

- 일일 포인트 시스템

- 이 섹션을 읽어야 할 사람 : 1년 안에 생산성을 두 배
  이상 늘리고 싶은 어드바이저 혹은 더 적은 시간으로
  같은 생산성을 만들어 내고 싶은 어드바이저

Section 3 - 8-11장 77

- 상담수수료 부과

- 꼭 갖춰야할 3가지 비즈니스 관리도구

- 컴플라이언스(규정준수)를 활용한 비즈니스 만들기

- 목표 - 빠른 스타트 가이드

- 이 섹션을 읽어야 할 사람 : 새로운 고객 서비스를
  찾거나 비즈니스 레벨을 상향 시키고 싶은 어드바이저

Section 4 – 12장   97
-   나의 이야기
-   이 섹션을 읽어야할 사람 : 나 처럼 되고 싶은 어드바이저

에필로그   104

부록A   105
협회 색인 및 아이디어

부록B   107
추가로 읽어볼 만한 것들

SECTION 1
섹션 1

인생에는 때로 그 당시에는 재난처럼 보이던 사건이 결과적으로는 인생에 놀라운 변화를 가져다주는 경우가 가끔 생긴다. 생명 보험 커리어의 시작은 남들처럼 별로 특별한 사연은 없었다.

그때까지 나는 상업 은행 같은 큰 금융 기관이나 금융기관과 긴밀하게 일하는 회계법인, 법무법인과 주로 회의하고 프리젠테이션을 하는 컴퓨터 그래픽 디자이너로서의 내 직업에 만족하고 있었다. 여가 시간에는 운동을 열심히 했는데, 운동 중 그만 심각한 부상을 입어 디자이너로서의 내 커리어는 끝나게 되었다. 팔이 심하게 부러져 컴퓨터로 하는 일은 더 이상 할 수 없게 되었고, 컴퓨터 디자인으로 밥벌이 역시 할 수 없게 된 것이다. 나는 인생에서 처음으로 실직자가 되었다. 가만히 앉아서 책을 읽거나 매일 신문을 보는 것 말고는 달리 할 수 있는 게 없었다. 그러던 중 6월의 어느 날, 신문에서 목표 달성 시 수익을 받을 수 있는 일이며 현재 사람을 구하고 있다는 작은 구인광고를 보았다. 그 수익은 나에겐 큰 돈처럼 보였다. 우와! 그 돈은 내가 컴퓨터 그래픽일을 해서 벌었던 돈의 거의 세 배에 가까웠고 나는 항상 주식 브로커라는 직업에 매력을 느끼고 있었다. 금융업계가 대부분이었던 클라이언트들 덕분에 나는 선물, 옵션, 주식 매수, 공매도, 주가수익률(PER)에 대해 누구보다도 잘 알고 있다고 생각했다.

하지만 광고에 나온 그 일이 주식이나 배당과 관련된 일이 아니고, 금융의 수재가 되는 일도 아니며, 그저 생명보험을 판매하는 일이라는 걸 알게 된 건 두번째 인터뷰(나는 총 7번의 인터뷰를 했다.)가 끝나고 나서였다. 하지만 나는 주식브로커의 꿈을 버리고 이 일을 하기로 결정했다. 마지막 인터뷰 때 지점 매니저가 내가 입고 나간 옷과 헤어스타일을 공개적으로 놀려댔지만, 나는 마침내 자리를 얻었다! 그리고 팔이 부러진 후 5개월이 지난 시점인 그 해 9월에, 나는 대형 생명보험 에이전시의 수습직원이 되었다.

사무실에서 보낸 일주일 동안, 나는 필요한 물건들이 어디에 있고 동기가 누구인지를 파악했다. 그리고는 2주 간 생명보험사의 기본적인 상품들에 대한 빡센(으흠!) 교육을 위해 호텔로 보내졌는데, 그곳에서 나는 마지막날에 있는 생명보험설계사 자격증 시험과 대중 앞에 이대로 내보내어져도 되는지를 테스트하기 위한 롤플레잉을 벼락치기로 준비했다.

 2주 동안 아침마다 전날 배운 내용에 대해 매일 시험을 봤는데, 나는 반에서 일등을 하겠다는 목표를 늘 달성했다. 내가 밤새도록 방안에 틀어박혀 공부할 때 다른 사람들이 술집에 있었다는 건 아니고, 할 일을 다 마칠 때까지 놀지 않는다는 원칙을 철저히 지켰을 뿐이었다. 교육이 끝나고 전국 곳곳에 있는 우리 사무실에 돌아간 나는 그 중의 몇몇 동기들과 계속 연락을 유지했다. 나와 같이 교육을 수료한 동기들 대부분이 관두기 까지는 그리 오래 걸리지 않았다. 나는 가끔 그만둔 동기들이 뭘 하고 지내는 지 궁금하다. 나는 그만둔 동기들이 각자 다른 분야에서 성공을 거두었기를 바랬지만, 직원들의 높은 이직율은 회사에 좋을 리 없었다. 몇 년이 지난 후 회사가 남은 영업조직을 매각하고 신규 비니지스는 중단하는 걸 보면서 이 생각이 옳았음을 확인할 수 있었다.

이 책의 마지막 부분에는 지금 이 글을 쓰는 순간까지 내게 일어난 일에 대해 기록하고자 하며 , 이 글을 읽는 독자들이 나의 경험을 유익하게 이용할 수 있기를 바란다. 나는 가끔 친목 경기였던 그 경기에서 일부러 나를 심하게 다치게 한 그 사람에 대해 생각하며, 그에게 매우 감사하고 있다! 그의 무자비한 플레이가 나의 삶을 바꾸었고 내게 새로운 세상을 열어주었다. 그는 지금 어디에 있을까...?

제2장

기본 다시 다지기

세일즈 기초 교육을 마치고 사무실에 첫 출근한 신입 직원을 반기는 생명보험 지점 매니저에 대한 옛날 얘기가 있다. 이 매니저는 신입의 팔을 잡고 따라오라는 손짓을 한다. 사무실을 지나가는 동안, 신입은 매니저가 칼날같이 날렵한 선의 맞춤 양복을 입었으며 반짝반짝하게 닦은 수제 구두를 신고 있음을 알아본다. 그들은 건물 밖으로 나와서 매니저의 눈부신 최신형 스포츠카에 올라탄다. 매니저가 버튼을 누르자 지붕이 자동으로 열리고, 그들은 비싼 스테레오 시스템에서 나오는 음악을 들으며 외곽을 향해 속도를 높인다. 그들이 큰 저택에 멈춰 서자 오래된 철문이 조용히 열린다. 차는 자갈길을 따라 가다 휘황찬란한 집 앞에 멈춘다. 매니저는 차에서 내려서 그를 수영장 옆에 있는 화려한 벤치로 안내한다. 그들은 벤치에 앉아서 쉬고, 신입 직원은 그들을 둘러싸고 있는 성공의 표상들에 경외심을 느끼면서 풍경을 둘러본다. 이 때 매니저가 입을 뗀다. "내가 말하는 대로 하고, 당신의 시간을 투자하고, 희생하고, 결정하고, 사람들을 만나고, 판매계약을 체결하고, 그러다 보면 언젠가 이 모든 것이...."(매니저는 주변에 널린 값비싼 것들을 천천히 둘러본다...)이 모든 것이, '내 것' 이 될 겁니다."

멋진이야기이다. 하지만 오버라이딩 수수료 및 커미션 환수 제도를 갖고 있는 매니저 시스템을 경험한 사람들은 그 얘기 안에 사실이 상당 부분 많다는 걸 알 수 있다. 내 매니저는 혹독하게 일을 시키는 사람이었다. 나를 힘들게 했지만, 공정했다. 나는 그를 굉장히 존경했고 그는 기회를 나에게 주었다. 내가 그를 귀찮게 하지 않는 한 그도 나를 내버려두었다. 내가 도움을 요청하면, 그는 조건 없이 도와주었고 그 점에 대해서 나는 무한히 감사하고 있다. 딱 다섯 달 후에 내가 독립 재무상담가(IFA)가 되기 위해 그의 팀을 떠날 때, 그는 내 결정을 존중해 주었고 내 앞길을 막으려 하지 않았다. 그 점도 항상 감사하고 있다.

그는 자신만의 규율을 확립해야 한다는 첫 번째 개념을 가르쳐주었다. 그는 이를 시간의 바이블이라고 불렀다. 즉, 그와 얘기하고 싶으면, 그의 일정에 약속을 끼워 넣어야 했는데, 오전 9-10시, 오전 12시-오후 1시, 또는 후 4시-5시 사이에 정해야 했다. 그 외 시간에는 나는 가망고객을 만나고 있거나, 고객을 찾기 위한 전화를 하고 있어야만 했다. 여러분이 상상하는 것처럼, 이것은 가혹한 모닝콜(모닝콜을 받는 사람들이 대부분 일어나기 힘들어함에 비유함)이었다. 나는 친구들과 가족들 외에는 가망고객이 없었으며, 나를 도울 수 있는 유일한 사람인 매니저와 연락할 수 있는 시간은 매우 제한적이었다. 게다가 그는 만날 때마다 내가 몇 명을 만났고 전화를 몇 통이나 걸었는지 알고 싶어했기 때문에 그 횟수가 많아야 했고 그렇지 않으면 곤란해졌다. 또한, 그가 보기에 바보 같은 질문을 해서 곤란한 상황이 생길 수도 있었기 때문에 나는 일을 빨리 배워야했다. 나는 내 매니저의 독재를 옹호하지는 않지만, 수첩을 빈틈없이 활용하는 훈련은 강력히 추천한다. 이는 추후 더 자세히 설명하도록 하겠다. 아무튼 나는 깊은 물에 던져졌기 때문에 수영하는 법을 배워야 했다.

이 시간의 바이블이라는 개념은 오랜 기간에 걸쳐 다양한 시간 관리 개념 안에서 여러 형태로 발전해왔으며, 지난 3년 간 내가 수첩을 정리하기 위해 수정된 버전으로 사용했던 개념이다. 특정 시간에 특정한 일을 항상 하게 되면 금새 습관이 되고 그 일을 하는데 어려움이 사라진다. 특히 나의 경우 고객기반을 만들기 위해 콜드콜을 하는데 이러한 습관이 도움이 많이 되었다. 처음에는 날마다 40통의 전화를 하는데 병이 날 지경이었다! 계속된 거절로 점철된 한 주를 또 맞이 하려니 속이 좋지 않아서 일요일에는 거의 잠을 이룰 수 없었다.

그러나 나는 지고 싶지 않았고, 나의 동료 한 명은 전화에 대한 심리학과 함께 나의 새로운 '대본'에 관심을 보일 만한 사람들 리스트를 어디서 찾을지 돕겠다고 자청했다. 그는 아마도 지금까지 내가 포기하지 않게 해주고, 절대 실패하지 않겠다는 결심을 하게 만든 준 큰 이유 중 하나 일 것이다.

나는 곧 전화하는 방법에 대해서 전문가가 되었다. 커뮤니케이션은 여전히 우리 거래에서 중요한 도구 중 하나이기 때문에 콜드콜링을 통해 내가 배운 기술은 오늘날까지 나를 건재하게 해주었지만, 그래도 지금 시대에 추천하는 방법은 아니다. 초기에 내가 콜드콜을 걸었던 사람들 중에는 내 최고의 고객이 된 사람 및 친구가 된 사람들도 몇 명 있다.

대부분의 내 동료들은 수습직원인 나를 무시하고 싫어했다. 시간이 지나고보니, 그들이 수습직원일 때 당했던 일들을 그대로 반복하는 것임을 알게 되었다. 내가 그들보다 높은 성과를 올리게 되고 수습을 뗀 후에는, 헐뜯는 말들은 이내 사그라들었다. 대형 사무실에서 일하던 60 여명 중, 내가 좋아하던 사람들이 꽤 있었는데 그 중 몇몇은 지금까지 친구로 지낸다.

뛰어난 직업 윤리를 갖고 있으며 고객들에게도 최선을 다하는 몇 안되는 최고의 어드바이저들과 어울리면서 내가 그들로부터 배운 것은 "기본(Basic)"이었다. '커피 머신'이나 '정수기'에 모여 있는 사람들을 피함으로써 이 세계에 발을 들인 많은 사람들의 몰락을 유발했던 부정적인 생각과 행동을 피할 수 있었다.

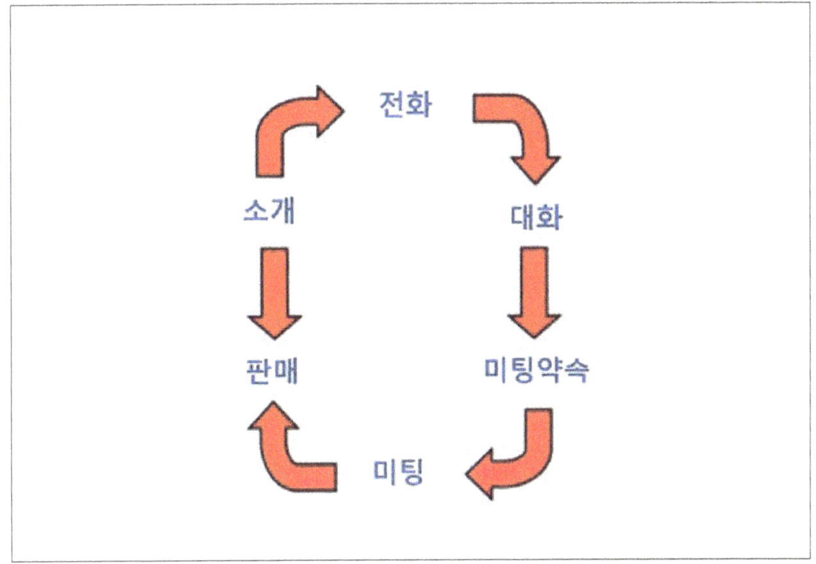

다이어그램 2.1 – 세일즈 써클

이 때가, 영업을 시작하고 여러 중간단계를 거쳐서, 가망고객이 포기하고 예스!할 때 거래가 '성사'되는, 이런 걸 '완벽한 영업'이라고 하는 옛날 방식의 아이디어를 소개받은 때였다. 이런 아이디어는 요즘처럼 건전한 금융 플래닝 자문을 원하는 고학력 대중들에게는 별로 유용하지 않다. 그러나 이런 옛날 방식과 함께 '세일즈써클'이라는, 오늘날에도 통용되는 개념을 알게 되었다 (다이어그램 2.1). 새 유통채널이 생기고, 인터넷과 다이렉트 상품들이 출범하더라도, 아직 세상에는 인터넷이 아닌 '사람' 재무상담사와 직접 얼굴을 맞대고 이야기하기를 원하는 수요가 많이 있다고 생각한다. 그리고 그것이 사실인 이상, 세일즈써클은 여전히 유용하다.

세일즈 써클은 전화기를 집어드는 데서 시작된다. 요즘 사회에서 점점 늘어나고 있는 전자적 커뮤니케이션 수단이어도 괜찮다. 기본적인 사실은 이 단순한 일을 수행하면 할수록 성공 확률도 더 높아진다는 것이다. 나는 세일즈 써클을 5년 전에 배웠는데, 50년 전에도 이걸 가르치는 사람이 있었고, 그때에도 여전히 통했다.

가망고객에게 연락을 했다면, 우리는 그들과 이야기해야 하고, 미팅까지 이어질 수 있을 정도로 전화한 이유에 대해 그들이 관심을 갖게 만들 수 있어야 한다. 그리고 나서 미팅을 잡고, 영업을 하기 전까지 일정 수준의 신뢰를 쌓아야 한다. 마지막으로, 다른 사람을 소개받아야 한다. 그래야 세일즈써클의 실행이 완료되고, 다음 전화를 걸 사람이 생긴다. 매우 간단하지만, 잊기 쉽다. 우리는 최신 기술, 새로 나온 훌륭한 세일즈 팁, 최신 정보를 자신의 것으로 만들기 위해 노력한다. 이런 것도 모두 중요하지만, 전화 걸 사람이 없고 얘기할 거리가 없다면 아무 짝에도 쓸모 없다.

제3장

어떻게 실행 할 것인가(그리고 또 반복할 것인가)

나는 고객 존중을 통해 얻는 소개의 위력을 굉장히 신뢰하는 사람이다. 제 6.5장은 이에 대해서만 다루게 될 것이다. 그러나, 우리는 어디가 됐든 어딘가 부터서는 시작해야 한다. 앞에서 말했듯 내가 초기에 주입 받은 영업 방식은 콜드콜링이었다. 감사하게도 이 방법은 선호되는 방법이 아니다. 재무상담가로서 우리는, 다른 영역의 기술을 배우는데 시간을 더 잘 써야 한다.

여러분이 만일 이 분야에 새로 뛰어들었으며, 전화를 걸고 싶지만 전화를 할 사람이 하나도 없다면, 친구, 가족, 전 직장 동료 같은 주변 사람들에게 먼저 전화를 하고 싶을 것이다. 좀 더 먼 관계에서 영업을 하고 싶다면, 비교적 많은 비용을 들이지 않고서, 정보보호법에 따라 적법하게 개인정보를 수집하는 믿을 만한 회사에서 명단을 구입하는 방법을 고려해볼 수도 있다. (이 때, 대상이 되는 고객을 어느 정도 사전 정의하여야 하고, 이 부분은 나중에 더 해질 수도 있다.)

그 연결고리가 너무나 보잘 것 없더라도. 콜드콜을 거는 것보다는 낫다. 여러분이나 여러분의 회사가 이전에 어떤 방식으로든 구매해놓은 고객정보가 있다면 그것을 가지고 시작하는 것도 아주 좋다. 나는 고객 데이터베이스를 많이 가지고 있으면서도 그들과 새로운 비즈니스를 시작하는 것을 계속 두려워하는 재무상담가(이하 원문의 뉘앙스를 살리기 위해 '어드바이저'라 칭함) 들을 많이 봤다.

여러분이 신입인데 이미 고객명단이 있다는 건, 아마 물려받았거나 '주인 없는' 명단을 받은 것일테다. 여러분이 경력도 쌓았고 고객명단도 있지만, 전화하는 게 망설여지거나 고객으로 만들기 위해서 뭐라고 말을 꺼내야 할지

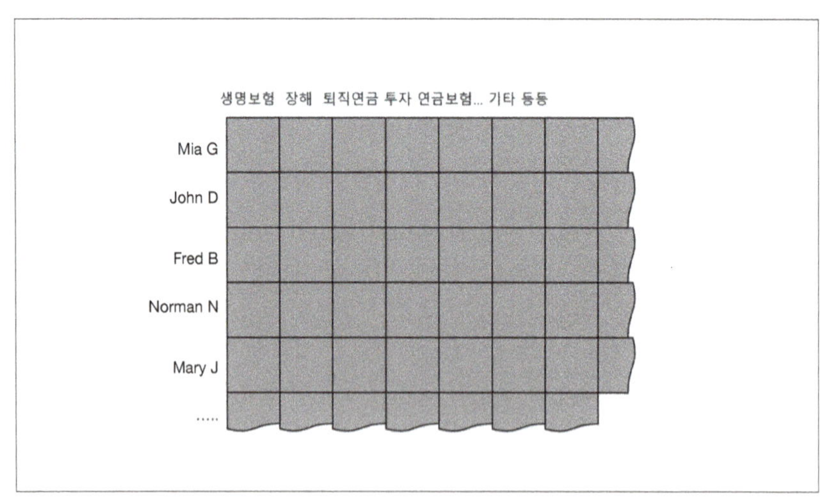

다이어그램 3.1 – 기회의 그물

모르겠다면, 의심할 여지없이 여러분은 다음 비즈니스를 어디서 시작해야 하는지 갈피를 잡기 힘들다는 생각(보통 매월 초)에 익숙할 것이다. 이런 생각들을 영원히 사라지게 할 방법이 여기 있다: 해결책은 바로 "기회의 그물 (격자무늬)"이다(비고: 부록 A-1). 다이어그램 3.1.을 보자. 자신 만의 그물을 만들기 위해, 격자무늬가 그려진 큰 종이 한 장을 준비하거나, 컴퓨터를 켜서 엑셀 스프레드시트 문서를 하나 새로 만들기 바란다. 가장 윗줄에는 여러분이 팔아야 하는 상품을 기입하면 된다. 좌측 세로줄에는 가망고객이나 고객이름을 쓰도록 한다.

그리고 나서 고객이 구매한 상품에 해당하는 칸을 붉은색으로 채우자. 해당사항이 없는 칸은 검정색으로 채우자. (예를 들면 젊은 독신 여성의 경우는 생명보험이 필요 없을 것이고 은퇴한 사람은 은퇴 저축이 필요 없을 것이다). 이제 모든 칸이 붉은색 또는 검정색으로 맞게 칠해졌는지 살펴보자. 만일 빈 칸이 있다면, 이 사람은 우리가 꼭 만나야 하는 이유가 있는 사람이며, 이 사람에게 연락을 취하지 않은 데에 변명의 여지가 없다. 먼저 그들이 가입한 상품이 있는지 또는 필요한 상품이 있는지를 물어보도록 한다. 만일 그들이 어떤 상품에 가입했다면, 관리를 같이 해주겠다는 메시지를 보내거나, 그들이 가입한 상품에 대한 관리에 관한 미팅을 잡아보라.

만약 해당 고객에게 상품에 대한 이야기는 했지만 아직 가입하지 않은 경우라면, 칸의 절반만 칠해라.

커리어를 시작하게 하고, 비지니스를 다시 활성화시킬 진짜 키는 여러분이 갖고 있는 빈칸의 개수에 있다. 다시 말해, 한 가지 유형의 상품에 대해 어떤 색으로도 채워져 있지 않은 칸 말이다. 이 경우, 캠페인을 고려해 볼 것을 권한다(다이어그램 3.2참고). 예를 들어 특정 투자 상품에 가입한 사람들이

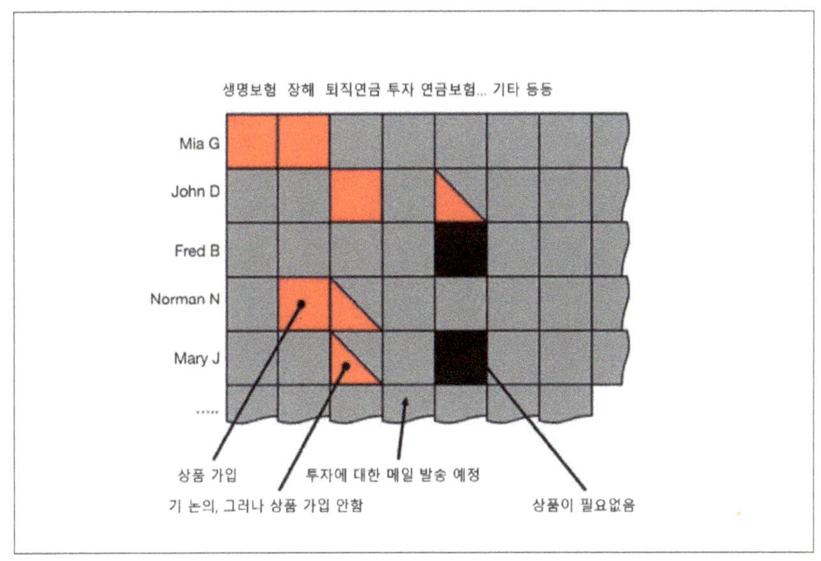

다이어그램 3.2 – 기회의 그물

많지 않다는 걸 알아 냈다면, 이 상품을 전문으로 하는 회사에 연락해서 샘플 레터와 일반 상품 정보를 받아서 사람들에게 보낼 메일을 완성할 수 있다. 메일을 보낸 후 고객의 니즈를 세심하게 고려한 전화를 걸다보면, 만나야 할 사람이 너무 많아져서 놀랄 것이다. 이는 여러분이 이미 가망고객이나 고객의 니즈를 파악했고, 그들을 만나야 할 진정성 있는, 순수한 이유를 가지고 있기 때문이다. 생일 같이, 가망고객에 대한 기본 정보를 가지고 있다면, 고객에 더욱 맞춤화된 구체적인 계획을 준비해서 미팅에 참여할 수도 있을 것이다.

이 표를 직원과 고객이 볼 수 있도록 사무실 벽에 걸어 놓아라. 명심해야 할 것은, 비밀유지 의무를 위반할 염려가 있으므로 표 안에 숫자는 표시해서는 안된다는 점이다. 그래도 우려가 된다면 고객 명을 이니셜로 표기해도 된다. 고객이 방문하면 이 표에 대해서 물어볼 것이다. 표에 대해 설명해주면서 표에서 해당 고객의 라인을 보여주고, 붉은 칸이 얼마나 많이 비었는지를 각인시켜주자! 이 부분을 프린트 해줄지, 아니면 해당 고객 관리파일의 첫 장에 이 내용을 프린트해서 끼워줄지 고객에게 물어봐도 된다. 고객들이 자신들의 라인에서 빈칸을 채울 수 있는 상품에 대해 묻기 시작하는 걸 볼 수 있을 것이다!

기회의 그물은 한 해를 시작할 때 우리의 초기 역량을 어디에 집중해야 하는지를 결정하고 어디서부터 일을 시작해야 할지 모르는 1월1일의 우울함을 날려버리는데 사용하기 좋은 훌륭한 툴이다.

예를 들어 이 표는 직원들의 교육 수요나 스케줄을 정할 때 같이 다른 방식으로도 다양하게 사용될 수 있다. 맨 윗줄에는 각 직원들이 습득하지 못한 전문분야를 기입하고, 왼쪽 열에는 직원 이름을 써넣는다. 그런 다음 각 칸에 교육이 이루어진 날짜를 쓰거나 색을 채운다. 이 표는 여러분의 교육훈련관리에 필수적인 요소가 될 수 있다.

여러분은 이 표의 상단에는 공동 비즈니스 기회를, 왼쪽 아래쪽에 해당 분야의 전문가를 기입하고, 함께 일할 수 있는 다양한 방법에 대해 해당 전문가에게 정기적으로 메일을 보내는 방식으로 사용할 수도 있다. 또는 함께 일하는 전문가에게 당신과 협업하는데 필요한 교육을 얼마나 이수시켰는가를 관리하는 표로 사용할 수도 있다.

나는 여러분이 이 표를 이용하는 더 많은 방법을 생각해 낼 수 있으리라 믿는다.

이 개념은, 개인사업가 같은 새로운 시장에 진입하는데도 이용할 수 있다. 소개라는 연결고리가 없는

사람, 특히 기업 고위층(그래서 연락하기 더 어려운)과 연락하는데 있어서의 난관은 실제 적임자와 이야기하는 것이다. 소위 '문지기'는 콜드콜링을 해야 했던 시절의 나를 더 골치 아프게 했었다. 다음 아이디어는 일반적으로 목표 가망고객과의 대화를 이끌어 내는 방법이 될 수 있다.

직소 퍼즐

6-10피스 정도의 단순한 어린이용 원목 직소 퍼즐을 사자. 몇 조각을 한쪽에 빼놓고 나머지를 가망고객에게 보내라. 가망고객이 없다면, 여러분이 사는 지역의 자영업자, 기업 고위임원 등 여러분이 목표로 하는 시장을 결정한 뒤,

그들의 명단을 구해야 한다. 이 명단은 구입할 수도 있고 직접 발로 뛰면서 작성할 수도 있다! 여러분이 가망고객으로 삼고 싶은 사람을 정한 뒤, 그들에게 직소 퍼즐 우편을 보내면서 접근해라.

그런 다음 전화를 해서, 직소 퍼즐을 보낸 사람이 본인임을 밝혀라. 대부분의 사람들은 퍼즐 조각 몇개가 없다고 여러분에게 불평할 것이다(퍼즐을 완성하려고 시도한 건 자랑스럽다!). 그들에게, 빠진 조각은 여러분이 갖고 있으며, 왜 퍼즐을 보냈는지 설명할 시간을 내달라고 말하자.

이렇게 해서 가망고객을 만날 때, 여러분이 팔고자 하는 상품을 표시한 직소 퍼즐을 만들어라(다이어그램 3.3 참고). 그리고 그들이 이미 가입한 상품에는 체크 표시를 해달라고 요청해라(생명보험, 장해보험 등).

그런 다음 빠진 조각에 대해 여러분이 도와주고 싶다고 설명하면 된다.

이에 더해 직소 퍼즐은 모서리가 없고 박스에 완성된 그림도 없다는 걸 얘기하면서, 퍼즐이 계속 확장될 수 있기 때문에 모서리도, 완성된 그림도 없는 것이라고 설명해주어라. 그래서 직소퍼즐 전문가인, 바로 여러분의 도움이 필요한 것이라고! 여러분의 서비스를 받게 되면, 여러분은 전체 그림을 맞출 수 있게 고객들을 도와줄 것이며 필요한 조각을 더 제공해 줄 수도 있고 더 이상 맞지 않는 조각은 제거해 줄 수도 있다.

다이어그램 3.3-직소퍼즐

위에서는 4가지 상품의 경우만 제시했다. 여러분의 퍼즐에는 여러분이 조언해 줄 수 있는 만큼의 상품이 적힌 조각을 만들 수 있다.

그들에게는 아직 필요하지 않은 조각들이 있고(젊은 고객들에게 장기요양보험(LTC) 같은 것) 필요하나 아직 개발되지 않은 조각도 있다(새로운 상품, 세법 변경). 따라서 여러분과 가망고객이 지속적으로 연락할 필요가 있음을 계속 주지시켜야 한다.

가입을 완료하고 그들이 당신의 고객이 되었으면, 그들이 가지고 있는 것과 빠진 퍼즐에 대한 간략한 설명과 함께 그들이 갖고 있지 않은 것, 그리고 여러분이 추천하는 상품의 금액을 보여주는, 수정된 직소 퍼즐의 사본을 보내주어라.

여러분은 고객들이 다른 직소 퍼즐 조각을 구입하려고 전화하기 시작하는 것을 경험할 것이다. 또한 친구로부터 본인이 구매해야 할 직소 퍼즐에 대해 들었다며, 여러분을 만나고 싶다는 새로운 가망고객의 예상치 못한 전화를 받게 될 것이다!

이제 우리는 가망고객을 끊임없이 이어지게 하는 방법을 알았다. 이제 비지니스를 탄탄하게 만들어야 한다. 이는 새로운 비지니스 세 개 중 하나는 처음 3년 안에 망한다는 통계에 우리 비즈니스가 포함되지 않도록 하기 위함이며, 우리가 앞으로 계속 가야할 길을 닦기 위함이다. 새로운 고객을 확보하기 위해 엄청난 노력을 쏟아 부은 뒤 사업이 순탄하게 안된다는 이유로 고객을 지키지 못하는 건 좋지 않다. 필수적인 통계치들을 측정하는 것은 어느 사업에서나 중요하지만 특히 금융 서비스에서는 더욱 중요하다. 영업, 현금흐름, 수입, 비용 등과 관련해서 내가 어디쯤 위치해 있는지 모른다면, 나의 사업이 어디로 가고 있는지 알 수 없을 뿐더러 개선이 이루어지고 있는지도 알 수 없다.

앞서 말했듯이 나는 형편없는 취급을 받았지만 어드바이저로서 일자리를 얻을 수 있었던 소수의 선택된 사람이 된 것이 매우 기뻤다. 내가 채용될 수 있었던 이유에는 내가 총체적인 비지니스 플랜을 준비해왔다는 사실이 일부 작용했다고 생각한다.

처음부터 나는 훗날 내게 도움이 될 습관들을 실행하기 시작했다. 나는 비지니스 플랜을 작성하는 방법에 대한 가이드를 구매해서 읽었다. 내가 갖고 있는 배경지식 덕분에 나의 비즈니스 플랜은 보기에도 멋질 뿐 아니라, 내용도 엄청 좋았다. 장래의 내 가망 고용주들은 내가 비즈니스 플랜을 짜는 데 생각을 많이 하고 심혈을 기울였으며 헌신했다는 걸 알아챌 수 있었을 것이다. 내가 만약 그 비즈니스 플랜대로 충실히 실행에만 옮겼다면, 성공은 바로 눈 앞에 있었을 것이다!

비지니스 플랜은 은행 직원에게 좋은 인상을 주기 위해서가 아닌, 실제 실행할 사람을 위해 작성되어야 한다. 비지니스 플랜은 작성하는데 최소 하루 이상을 투자해야 하며, 주요 수치들이 모두 들어가도록 적절하게 작성해야 한다. 숫자들은 정확하고 세밀해야 한다. 이는 많은 어드바이저들에게 잡일 처럼 느껴질 수도 있는 데 그 이유는 비즈니스 플랜의 방대한 개념이 마냥 복잡하게 느껴져서 망설여지기도하고, 비즈니스 플랜을 짜는 것 보다 당장 고객을 만나 상담을 해야 한다는 생각이 앞서기 때문이다. 하지만 성공적인 비지니스를 구축하기 위해서는 재무 기반이 튼튼해야 한다. 내가 지금 알고 있는 것들을 그때 알았더라면, 재정적 어려움, 은행 직원과의 대화, 신용대출 비용 등을 좀 더 줄일 수 있었을 텐데 하는 아쉬움이 든다.

완성된 비지니스 플랜은 비지니스에서 달성하고자 하는 목표 및 우리가 얻고자 하는 물질적인 것들 같이 비재무적인 측면도 물론 고려된다.

이 장에서는 시간과 돈을 계획하는 법을 다루게 될 것이다. 비지니스 플랜과 목표 설정 방법에 대한 더 많은 정보는 부록 B와 제11장에 각각 자세히 설명되어 있다.

영업실적을 추적 관리하는 것은 필수이다. 이에 대해서는 제7장에 더 자세히 나와있다. 동시에 영업비용을 관리하는 것도 그만큼 중요하다. 여기에는 기차 운임, 유류비, 고객을 위한 잡지 인쇄비, 직원 급여가 모두 포함된다.

이름을 갖다 붙일 수 있는 비용이란 모두 비용으로 인식하는 비용목록을 만들어 볼 것을 권한다. 물론, 연간 비용을 추적하되 언제나 이해할 수 있도록 항목의 타당성을 검증하고, 필요하다면 수정하고 조율하는 것은 필수다. 고정비와 변동비를 분리해서 기록해야 한다. 여러분의 팀이나 사무실에 어드바이저가 여러 명이라면 여러분은 아마도 비용을 몇 배로 늘려서 인식하고 싶을지도 모른다. 팀원이 늘면 고정비는 그대로지만 변동비가 상승하는 경우가 종종 있기 때문이다. 예를 들면, 비서를 구하더라도 렌트비와 사무실 청소비는 변동이 없지만 전기세 같은 공과금 및 종이 사용량은 늘어난다. 지출의 큰 부분을 차지하는 또 다른 항목은 세금이다. 직원 급여 예산을 세울 때는 항상 세금을 고려해야 하지만 혼자서 일하는 경우에는 세금을 제외한다.

마케팅 비용과 규제수수료를 기록해 두어야 한다는 것도 잊어서는 안된다. 내 샘플에 정리해 놓은 숫자가 있지만 본인만의 플랜을 생각해내야 한다. 이 플랜은 여러분이 사용하기 위한 것임을 잊지말기 바란다. 따라서 회계 기준에 맞추거나 비용을 들여서 만든 뒤 여기에 얽매일 필요도 없다. 그저 여러분이 이익을 내고 있음을 확인하는데 필요한 정보를 보기 쉽게 가까이 두는 것 뿐이란 걸 명심하면 된다. 플랜을 자주 들여다보고 필요에 따라 업데이트 해야 한다. 고객들에게는 재무 계획을 세우지 않거나 매출과 비용을 모르는 기업에 투자하라고 자문하지 않으면서, 우리 자신이 그런 기업이 되면 되겠는가!

이제 필수 비지니스 통계치들과 이런 정보를 병합하는 방법에 대해 살펴볼 것이다. 이 과정을 통해 목표를 달성하기 위해 필요한 활동의 수준을 정확히 알 수 있다.

비지니스 플랜의 일부는 1년 전에 이미 그림을 그려야 한다. 1년 짜리 플래너를 구해서 가장 중요한 항목인, 나 자신에 대해 먼저 시작하도록 해라. 플래너에 공휴일이나 주말 같이 그 해 연휴와 휴가에 대해 미리 계획을 세워서 표시해 두어라. 그런 후 컨퍼런스처럼 고객을 만날 수 없는 날을 표시해라. 남은 건 이제 여러분이 목적을 달성하기 위해 일할 날 밖에 없다.

만일 일할 시간이 200일이고 10만파운드를 버는 것이 목표라면, 목표를 달성하기 위해 하루에 최소 500 파운드를 벌어야 한다는 간단한 계산이 나온다.

한해 계획을 세우고 내가 가진 시간이 얼마인지 정해 놓는다면, 이제는 목표를 달성하기 위한 날들을 계획해야 한다. 바로 석세스플랜이 등장할 타이밍이다.

석세스플랜은 성공을 이루기 위해 매일 여러분이 해야 할 일이다. 석세스플랜의 검토는 매년 12월 31일 자정에 이루어져서는 안된다. 최소한 매일 밤 일을 끝마칠 때 그날 그날의 성공여부를 평가해야 한다.

2장에서는, 세일즈써클에 대해 소개했다.

다음 몇 장에 걸쳐 세일즈 써클을 더 자세히 살펴보고 석세스 플랜에 대해서도 알아보고자 한다. 석세스 플랜은 활동과 실적을 추적하고 삶의 모든 영역에서 성공율을 높이며 생산성을 몇배로 만들 방법에 대한 종이 한 장 짜리 시스템이다.

18

THE SUCCESS PLAN
섹션 2
성공 계획

20

제5장

성공 계획 – 개요

질문을 하나 하겠다. 어드바이저로서 우리의 가치는?

다른 식으로 질문하면, 커미션이 없어지고 시간당 수수료로 청구해야 한다면, 얼마를 청구해야 할까? 자신의 요율을 아래 공란에 써보자 (Diagram 5.1).

다이어그램 5.1

앞으로 몇 장에 걸쳐 다룰 석세스 플랜의 일곱가지 핵심 목표를 요약하고자 한다. 7장이 끝날 때 즈음에는 우리는 강력한 일일 목표와 목적을 갖게 되고 매일, 매월, 매년 성공을 보장하는 법을 배우게 될 것이다.

첫번째로, 내가 가진 시간당 가치를 실제적으로 계산하는 공식을 배우고 이 가치를 얼마나 크게키울수 있는 지를 보게 될 것이다. 그러면 기존 고객 및 소개 고객과 대면하여 높은 가치를 제공하는 시간과 나만의 시간, 가족과의 시간 등을 늘릴 수 있는 법을 알게 될 것이다. 또한 관리업무에 쏟는 시간을 줄이는 법, 가망고객 발굴 프로세스의 자동화 및 외근 줄이는 법 등을 알게 될 것이다. 이러한 것들을 나는 석세스 플랜이라고 부른다. 이제 우리는 종이 한장으로 석세스 플랜을 운용하는 법을 알아보고자 한다. 석세스 플랜은 현재 여러분이 쓰고 있는 다이어리 시스템과 함께 혹은 대체해서 사용될 수 있으며, 여러분이 회사원이거나 자영업자이거나 관계없이 어떤 운영 방식과도 호환 가능하다. 이 일을 처음 시작했는지 경력이 많은지, 어느 나라에서 일하는지를 불문하고 적용될 수 있다. 다음 몇 장에 걸쳐 전부 살펴보겠지만, 이 프로세스가 한번 자리 잡으면, 이를 지키는데 하루에 5분에서 10분이 소요되고, 점검하고 새로운 계획을 세우는데 한달에 한번, 30분 정도면 충분할 것이다.

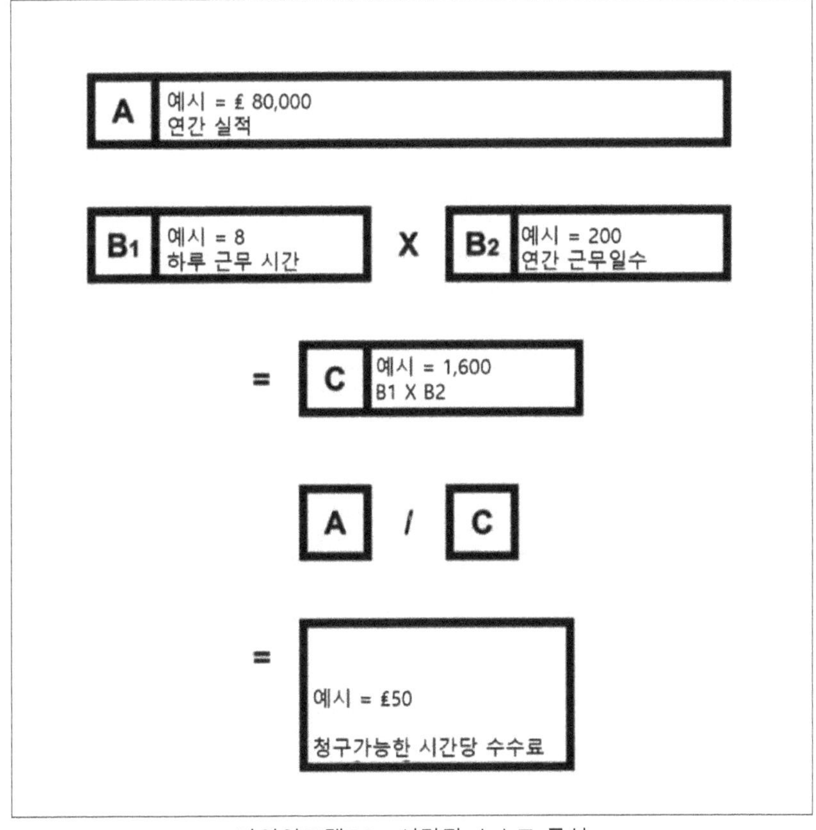

다이어그램5.2 - 시간당 수수료 공식

평균 시간당 수수료를 결정하기 위해, 이 책을 저술하는 동안(2001-2002) 내가 강연했던 지역 재무 설계 총회에서 기업 소속 및 독립 어드바이저들을 대상으로 설문조사를 실시한 적이 있다. 평균 요율은 시간당 150파운드(역자 주 : 2021년 2월 기준 한화 약 23만5천원)였고 100-200파운드 사이라는 답변이 가장 많았다. 그렇지만 이건 베스트 요율을 추측한 것 뿐이라서, 나는 모두가 자신의 진짜 시간당 가치를 계산할 수 있는 공식을 만들었다. 걱정할 필요는 없다. 이 공식은 알파벳 ABC 만큼이나 단순하고 다음 장(다이어그램5.2)에 샘플 숫자와 함께 나와있다.

우리는 한해 실적을 돌아볼 때, 단순히 연간 실적만 생각한다. 지난해나 올해 목표 중 어떤 것을 택할지는 여러분에게 달려있다. A란에 이를 기재해보자. 예를 들어 나는 우리 모두가 달성하려고 노력하는 마법의 숫자인 100,000 파운드(한화 약 1억5,700만원)보다는 그보다 조금은 적은 80,000 파운드(한화 약 1억2,550만원)를 연간실적으로 선택했다. 그런 다음 B1란에 일일 근무시간을 기입한다. 예시에는 8시간이라고 되어 있지만 업계 기록을 보면 많은 어드바이저들이 이보다 더 오래 일한다.

마지막으로, B2 란에 연간 근무 일수를 채워 넣을 것이다. 예시는 200일이고, 다른 식으로 표현하면 약 40주가 된다. 이는 주말, 공휴일은 절대 일하지 않으며, 중요한 전국적, MDRT 행사 및 다른 컨벤션에 모두 참가하고, 절대!! 아프지 않는 사람들에게 아마 가능한 근무 일수일 것이다. 다시 말해, 이만큼 일하는 해는 굉장히 이상적인 해이며, 우리 중 대부분이 이렇게 일할 수 있기를 꿈꾼다.

이제 우리가 연간 몇 시간을 일하는지 계산하기 위해 B1 과 B2 을 곱한 다음 결과를 C란에 쓴다. 마지막으로 목표한 연간 실적A를 C로 나눈다. 이것이 바로 우리가 시간당 청구할 수 있는 비용이다. 예시에서는 시간당 50 파운드라고 되어 있다.

연간 실적	월별 실적	연간 근무일수	실제 시간당 수수료
			(하루 8시간,
			연간 1600 시간)
25000	2083.33	200	15.63
50000	4166.67	200	31.25
63000	5250.00	200	39.38
80000	6666.67	200	50.00
100000	8333.33	200	62.50
150000	12500.00	200	93.75
160000	13333.33	200	100.00
189000	15750.00	200	118.13
240000	20000.00	200	150.00
250000	20833.33	200	156.25
320000	26666.67	200	200.00
350000	29166.67	200	218.75
378000	31500.00	200	236.25
400000	33333.33	200	250.00

다이어그램5.3 – 시간당 수수료

다이어그램 5.3에서는 월간 또는 연간 실적을 시간당 수수료로 환산하는 방법을 보여준다.

연간 실적	월별 실적	연간 근무일수	실제 시간당 수수료 (하루 14시간, 연간 3850 시간)
25000	2083.33	275	6.49
50000	4166.67	275	12.99
63000	5250.00	275	16.36
80000	6666.67	275	20.78
100000	8333.33	275	25.97
150000	12500.00	275	38.96
160000	13333.33	275	41.56
189000	15750.00	275	49.09
240000	20000.00	275	62.34
250000	20833.33	275	64.94
320000	26666.67	275	83.12
350000	29166.67	275	90.91
378000	31500.00	275	98.18
400000	33333.33	275	103.90

다이어그램5.4-시간당 수수료

예시에 나와있는 시간당 50파운드라는 요율은 대부분의 어드바이저들이 비용 청구시 고려할 수 있는 가장 낮은 금액에 가깝다. 연간 실적이 80,000 파운드이지만, 더 오래 일하거나, 휴일에도 가끔 일을 하고, 한동안 아프기도 해서 격주 주말에는 일을 해야하는 사람들 같은 경우 실제 시간당 수수료는 50 파운드 이하일 것이다. 많은 어드바이저들이 이렇게 시간당 적정 수입을 계산해보거나, 시간당 수수료를 책정해보는 일을 두려워 할 것이다. 왜냐하면 우리는 그저 열심히 그냥 하던 대로 하면 일이 잘 될거야 하면서 그저 한 해 한 해 보내는 경향이 있기 때문이다. 나는 이 책을 읽고 있는 많은 사람들조차 자신들이 1년에 몇 시간 일하는지 모른다고 확신한다. 그리고 마지막으로 하루에 8시간만 근무한 날이나 일주일씩 휴가를 간 때가 언제였는지 기억조차 나지 않는 사람들도 많을 것이다.

이 표를 보고 시간당 100파운드를 청구 해야겠다고 생각하는 사람들은 이내 주위를 둘러보고는 매달 13,000파운드 가까이도 벌기 힘들다는 것을 깨닫는다. 이 표를 본 사람들의 일반적인 반응이다. 시간당 200파운드 정도 청구하려고 생각하는 사람들 역시도 아직 연간 250,000파운드를 달성하지 못한 사람들이다.

다이어그램 5.4의 표를 한번 더 보자. 어떤 사람들은 앞서 제시되었던 표보다 이 표가 더 현실적이라고 말할 지도 모른다. 하루 14시간 일하고 2주에 한번은 주말에도 일하며, 공휴일에도 자주 일하고 일년에 휴가는 딱 2주만 가는 설정이기 때문이다. 다시 말해, 연간 275일, 3,850시간 일한다는 뜻이다. 업계 기록으로만 봐도, 이 예시가 대부분의 어드바이저의 전형적이 모습이다.

우리가 이 시간을 연간 80,000파운드를 버는 사례에 적용한다면, 시간당 수수료는 50 파운드에서 20파운드 남짓으로 감소한다는 걸 알게 될 것이다.

이 다이어그램에서 알 수 있는 건, 이렇게 열심히 일하고 시간당 100파운드의 가치가 있다고 말 할 수 있는 사람은 분명 MDRT의 TOT(Top of the Table)일 것이다(부록A 참고). 이 사실을 접한 사람들의 대부분의 반응은 우리가 우리의 진짜 가치를 모르고 있었으며, 고객을 대리하는 힘든 노동의 대가로 아주 낮은 금액을 청구해왔다는 걸 이제야 깨달은 데에 대한 불편함이었다. 우리는 재무 서비스 전문가이지만 일반 사무직원 수준의 시간당 수수료를 받으며 일해 왔음을 알 수 있다.

하루에 8시간 이상 혹은 일년에 200일 이상 일하는데도 응당 벌어야 하는 만큼 벌지 못하고 있는 사람들이 이 글을 읽는 사람 중 몇 명이나 있을까? 그 이유는 무엇일까?

그 이유를 밝혀 내기 위해서, 우리가 매일 하는 일을 정확히 분석할 필요가 있다. 석세스 플랜의 핵심은 일일 목표와 목적을 세우고 이를 매일 달성하는 것이다. "코끼리를 어떻게 먹는가?"라는 옛날 문제가 있다. 정답은 물론 "작게 조각내서"이다.

이것이 바로 우리가 목표와 목적을 실천해야 하는 방법에 대한 대답이다. 목표들을 더 작은 목표들로 잘게 나누는 것이다.

연간 목표 판매량이 £100,000파운드이며 일년에 48주 일한다고 치면, 주간 판매목표는 2,083파운드가 된다. 평균 1건 당 판매금액이 520파운드라면, 일주일에 4건의 계약을 성사시켜야 한다는 계산이 나온다. 이 4건의 계약을 체결하기 위해 매일 1시간짜리 8개의 고객 미팅이 있다고 가정해보자. 이는 그 주에 고객에게 할애할 수 있는 총 40시간 중 8시간이다.

이 장을 시작하면서 내가 했던 질문을 다시 던져보겠다. 어드바이저로서, 여러분은 얼마의 가치가 있는가?

고객을 직접 만나는 시간에는 우리는 시간당 260파운드의 가치가 있다. 이는 매주 판매금액 2,083 파운드를 고객과 함께 있는 8시간으로 나눈 값이다.

나머지 시간에 대한 우리의 값어치는 26파운드, 16파운드, 어쩌면 6파운드 일수도 있다. 고객을 만나지 않는 시간에 우리는, 우리의 시간당 수수료보다 훨씬 적은 돈을 받고도 그 일을 할 사람이 있는, 그런 일에 몰두하고 있다.

여러분은 시간당 260파운드를 벌고 싶은가? 아니면 26파운드를 벌고 싶은가?

질문: 시간당 수수료를 26파운드에서 260파운드로 끌어올리기 위해서는 어떻게 해야 할까?

답: 시간당 26파운드 짜리 업무는 중단해라.

우리가 언제 시간당 260파운드 짜리 업무와 시간당 26파운드 짜리 업무를 하는지 구분하기 위해서는 매일매일의 시간사용을 신중하게 추적해야 한다. 이 부분이 석세스 플랜의 핵심이 제대로 작용하게 되는 순간이다.

다음 사례에서는 생산성을 엄청나게 증대시키는 방법에 대해 보여줄 것이다. 첫째, 수첩을 달로 쪼개고, 그 다음에는 주간, 일일, 시간 단위, 그리고 15분 단위로 나눈다. 내가 말했듯이 많은 사람들이 이미 이런 식으로 셋팅 된

수첩을 이용하고 있을 것이다. 좋다. 그러나 이렇게 하고 있지 않다면, 석세스 플래너 페이지(다이어그램 5.5 참고)를 사용해라. 나는 15분 단위로 나눠진 수첩을 사용했는데 많은 사람들은 법조인들이 사용하는 6분 단위의 수첩도 많이 사용하고 있다. 경험상 15분 단위면 개인 판매와 실적을 기록하기에 충분하지만, 상담수수료 부과(Fee Charging ,제8장 참고) 사례를 추적관리하기 위해 일일 플래너를 이용한다면 더 정확한 6분 단위 플래너를 추천한다.

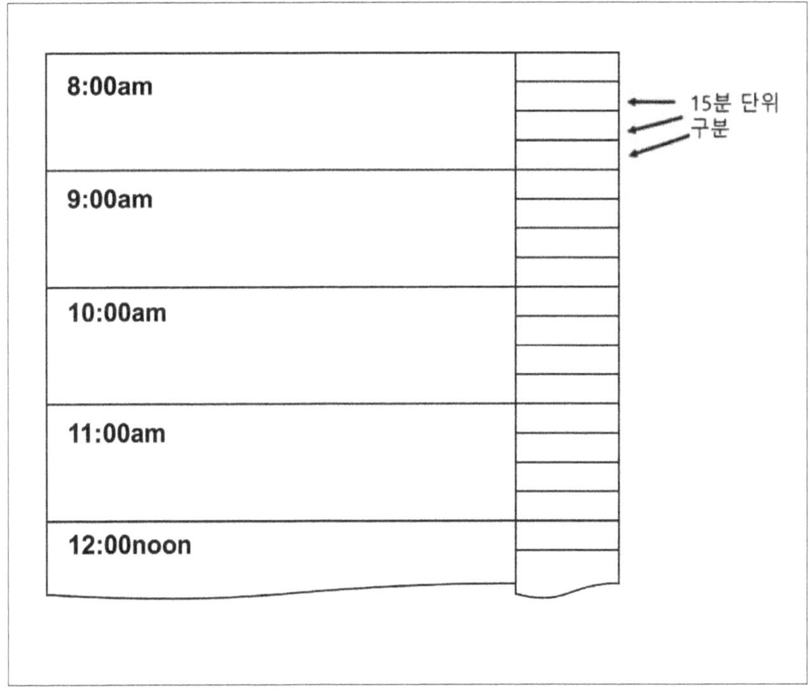

다이어그램 5.5-15분 단위 기록

실적이 8%까지 저절로 오르게 하거나, 연간 4주 더 쉬고 싶다면 아주 유용하고 생산적인 팁이 있다. 1년을 12개월(52주)로 나누는 대신 매월 4주씩 13개월(52주)로 나누는 것이다. 회사에서 이 방식을 사용하지 않는다 해도 개인적으로 본인 실적을 기록하는데 이 방식을 이용해 보길 바란다.

다이어그램 5.6은 어드바이저들의 전형적인 수첩을 보여준다. 어드바이저는 일주일 동안 일정이 빡빡한데, 대충 이 수첩을 본 사람들은 이 수첩은 일정으로 꽉 차 있고 이 수첩의 주인은 매우 바쁜 사람이라 생각할 것이다. 그러나 자세히 들여다보면 친구와의 점심식사, 매니저와 실적평가 회의, 정비소에서 자동차 픽업하기 등 실제로는 다른 일로 일정이 채워져있는 신입임을 알 수 있다. 저기 적힌 일정 중 진짜 일정은 보통 큰 글씨로 쓰여 있으며 그날 하루 전체에 영향을 미치는 일정들이다. 그렇지만 현실은 진짜 일정을 소화하는데 한두시간 밖에 걸리지 않는다. 사실, 이건 내 예전 수첩이다!

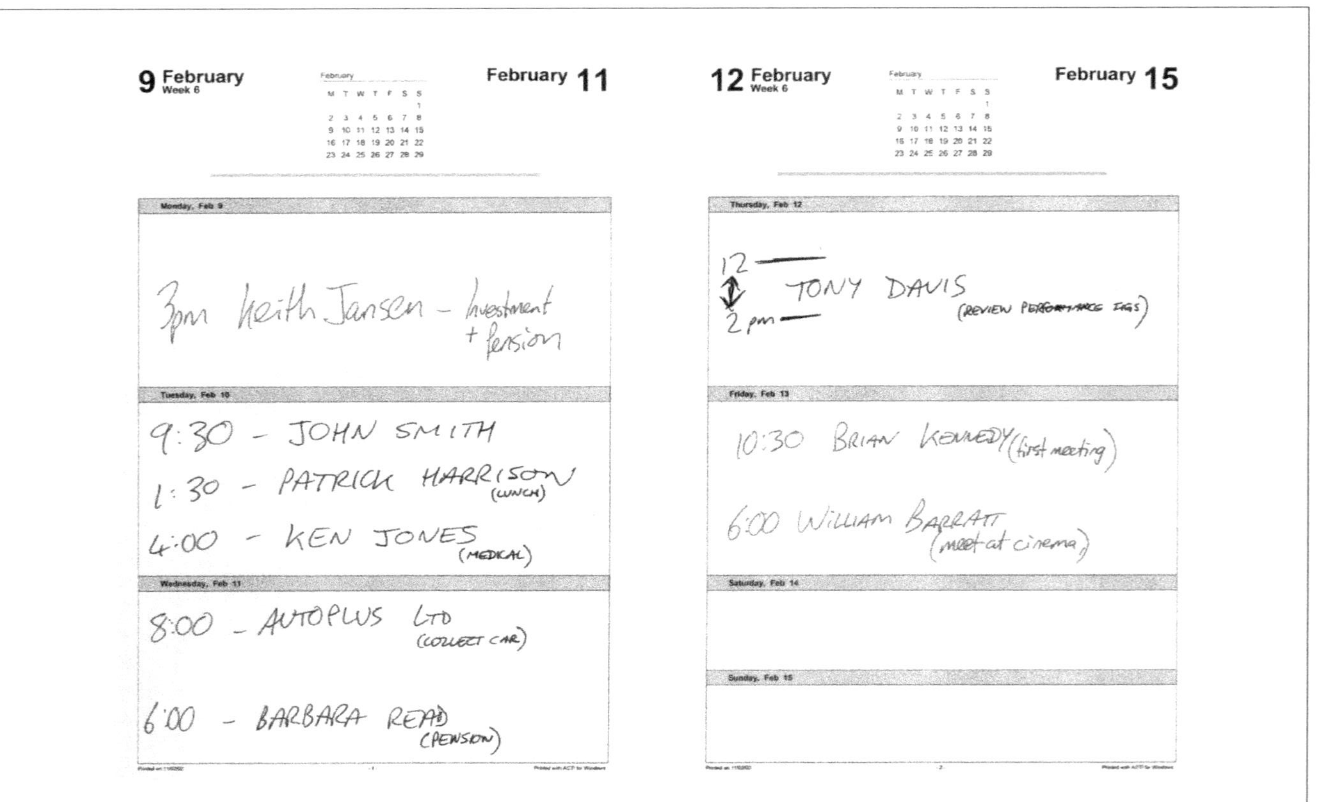

다이어그램5.6-나의 예전 수첩

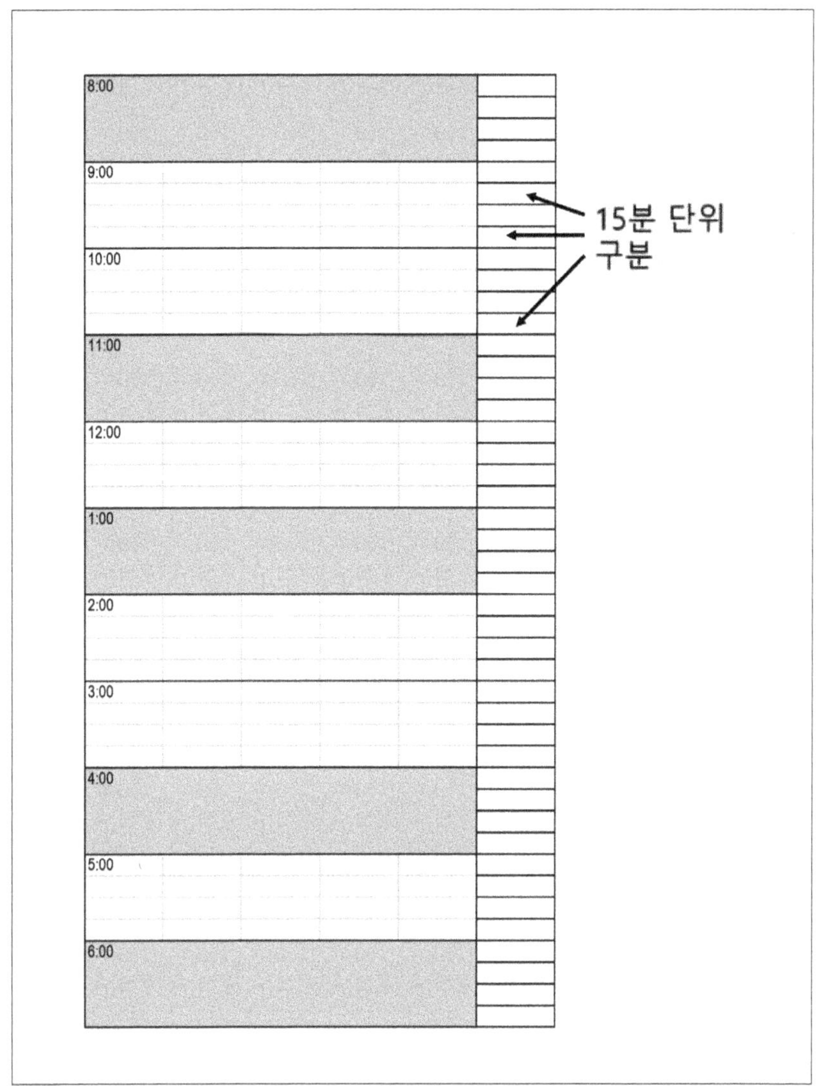

다이어그램 5.7-15분단위로 쪼개고 칠하기

다이어그램 5.7에서 볼 수 있듯 뒷면은 석세스 플랜 원칙을 적용한 내 현재 수첩에 있는 나의 하루이다. 나는 두가지 사항을 강조하고 싶다. 첫번째는 아침 8시부터 오후 6시까지 매시간을 15분 단위로 쪼개라는 것. 두번째로는 단위 몇 개를 색칠하라는 것이다. 이 원칙들과 기타 다른 것들은 다음 장에서 설명하도록 하겠다.

성공으로 가는 계획 짜기

파이낸셜 어드바이저 - 성공적인 실무전문가가 되는 방법

제6장

석세스 플랜 - 색깔로 업무 구분하기

15분 단위 기록으로 돌아가보자(부록A-2 참고). 이는 우리 성공에 있어 매우 중요하다. 우선 나가서 붉은색, 파란색, 녹색, 노란색, 그리고 검정색의 펜 5개를 사오자. (다이어그램 6.1 참고).

다이어그램 6.1-색상

이 다섯가지 색상의 펜을 이미 갖고 있더라도 새로 사야한다. 그 이유에 대해 설명해주겠다. 15분이 끝날 때마다, 석세스 플랜의 해당 단위에 색을 칠할 것이다.

붉은색– 고객과의 대면 미팅

파란색 – 가망고객발굴

녹색– 개인 시간이나 가족과의 시간

노란색– 외근

검정색– 관리업무

다섯가지 색의 펜을 꼭 사야하는 이유는, 우리가 5년 전 패턴에서 변한 게 없다면, 검정색 펜이 가장 먼저 닳을 것이다! 그 다음에는 노란색 펜이 닳을 것이다… 나는 처음에 산 빨간펜을 아직도 쓰고 있다. 농담이 아니다!

매일 일과가 끝날 때 5분만 시간을 내서 각 색깔별로 시간 비율을 따져보아라.

다이어그램6.2 처럼 채색된 전형적인 하루 일과가 나올 것이다.

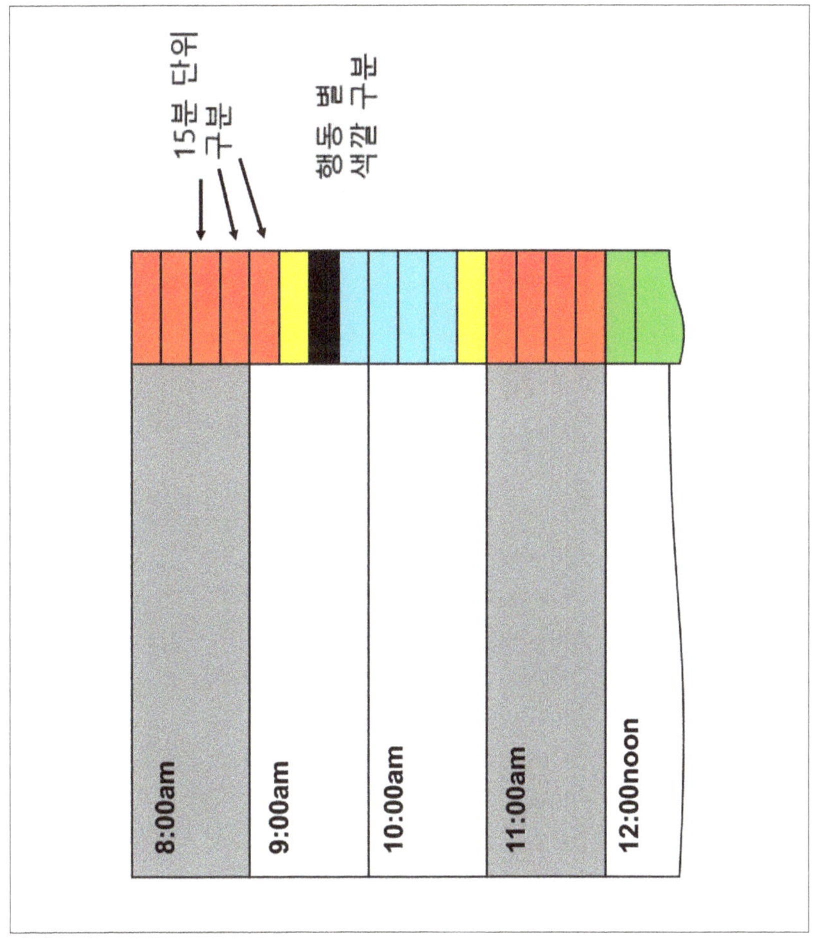

다이어그램 6.2 – 15 분 단위 기록– 색칠한 기록

이 책을 읽는 많은 이들이 틀림없이 최소 4주 전에 플래너를 완성했을 것이다. 그리고 일정의 50% 이상이 검정색으로 쓰여진 걸 알게 될 것이다. 붉은색은 20% 이하이며 녹색은 거의 찾아보기 힘들 것이고 노란색은 너무 많을 것이다.

우리는 어떻게 붉은색(시간당 260파운드)과 녹색(개인시간)을 늘리고, 파란색, 노란색, 그리고 가장 중요하게, 검정색을 줄일 것인가?

6.1 붉은색- 고객과의 대면 미팅

이제 각 색깔별로 차례차례 설명하도록 하겠다. 첫 번째이자 가장 중요한 것은 붉은 색 시간을 어떻게 늘리는가 이다. 우리는 고객과 보내는 시간을 늘리면서도 매주 하루 씩 더 쉴 수 있는 방법에 대해 알아볼 것이다. 다이어그램 5.7을 다시 보고 음영 처리 된 부분을 찾아보자.

이 음영처리 된 칸들은 다시 말해 미팅이 가능한 시간들이다. 해당 일자에 사람을 만날 수 있는 유일한 시간들이다. 우리가 여태까지 한 작업들은 우리의 수첩에 목표를 설정하기 위한 것이다. 즉 이제부터 그것을 만들어 나갈 것이다!

첫째, 우리는 빈 시간을 메꾸기 위해 우리 머리 속에서 목표 설정 메커니즘을 작동시켰다. 특정 시간에 빈 시간이 생겼다고 해서 갑자기 평소의 두 배로 기록할 수도 없고 바쁜 척 자신을 속일 수도 없다. 대신 그 빈 시간동안 즉시 굉장히 많은 미팅 약속을 잡는 본인의 능력을 발견하게 된다. 미팅 약속을 정하기 위해 고객에게 전화를 하면, 그들이 아닌 우리가 통제권을 갖게 된다. 저녁 8시 이후에는 더 이상 미팅 약속은 넣지 말기 바란다. 가능한 시간이 없기 때문이다. 또한 정오 12시에 미팅 약속을 잡아서는 안된다. 이는 점심에 한 명만 만나거나 다른 시간에 점심을 먹어야 한다는 걸 의미한다. 미팅이 가능한 빈 시간은 오전 11시에서 오후 1시까지다. 이상. 여러분은 아마 "확신하는데, 그게 생각 보다 그렇게 쉽지 않아요" 또는 "이 방식은 저 한테는 맞지 않습니다. 저는 고객의 시간에 맞추어 시간계획을 잡아야 합니다.", "제 고객 중 어떤 사람은 항상 저녁에만 만날 수 있어요" 라고 생각하고 있을 것이다.

"이게 그렇게 쉬운가요?" – 그렇다! 그러나 업무 습관을 완전히 뜯어고치겠다면 고객에게도 알려야 한다. 예를 들어 아내와 나는 그녀가 임신했다는 걸 알았고 아들이 태어나자 업무패턴을 고치기로 결심했다. 나는 저녁에 일하는 건 한주에 한번으로 줄이기로 했다. 그때까지는 거의 매일 저녁마다 일했다. 나는 고객들에게 메일을 써서 내 계획을 알렸고 왜 그렇게 해야 하는지, 그리고 저녁에 만나기를 원한다면 미리 약속을 정할 것을 요청했다. 고객의 반응은 굉장히 긍정적이었다. 지금 나는 특별한 일이 있을 때만 저녁에 일하지만 성과는 떨어지지 않고 오히려 올랐다.

"저 한테는 맞지 않을 거에요. 전 시간을 융통성 있게 써야 하거든요" – 이렇게 말하는 사람들은 나처럼 한번 해보길 권한다. 나도 이런 변화는 내 업무 스타일과 맞지 않다고 생각했었다. 하지만 내 말을 그대로 믿지는 마라. 다른 사례들이 궁금하다면, 법조계나 의료계 같은 다른 직업군을 한번 보길 바란다.

변호사를 만나고 싶으면 우리가 먼저 전화를 걸어 만날 약속을 한다. 변호사가 삼일 동안 시간이 안 난다면, 우리는 어떻게 하는가? 소송에 신경 쓰지 않거나 나홀로 소송하겠다고 결정하는가? 물론 아니다. 우리는 변호사가 가능한 시간 중 가장 빠른 시간에 그를 만난다. 수술이 필요할 경우에도 같은 규칙이 적용된다. 우리는 외과전문의를 찾아가야 하고 그의 일정에 맞춘다.

우리도 다를 게 없다. 우리는 재무 전문가이며, 전문직 종사자이다. 가망고객이 우리를 만나고 싶다면, 그들은 우리가 가능한 시간을 찾아야 할 것이다. 그들이 우리를 그렇게 많이 보고 싶어하지는 않는다면, 그들은 애초에 매우 훌륭한 고객이나 가망고객이 아닐 수도 있다는 게 가혹한 현실이다. 그렇다, 우리는 많은 고객을 잃을 수도 있지만 가족들과 함께 보내는 저녁시간을 되찾거나, 운동이나 우리가 원하는 무엇이라도 할 수 있는 시간을 가질 수 있다면, 그것에 비해 우리가 치른 대가는 사소한 것이다.

"제 고객은 저녁이나 주말에만 저를 만날 거에요" – 만약 그런 조건에서만 만난다면, 많은 고객들은 생명 보험이나 투자, 퇴직 계획에 대해 전혀 얘기하고 싶어하지 않는다. 평일 저녁이나 토요일은 고객이 혼자만의 시간을 가지도록 해주자. 만약 그들이 미팅에 대해 진지하다면, 낮 시간에 만나고 싶어할 것이다. 그들이 아무리 바쁘다 해도, 치과 갈 시간이나 개를 동물병원에 데려갈 시간, 차를 정비소에 맡길 시간은 낼 것이다. 그들은 자신들의 재무 상황에 대해서도 똑같이 시간을 내야 한다.

다이어그램 6.3 은 일주일 간의 내 석세스 플랜을 보여준다. 17개의 미팅이 잡혀있는 데도 주말에 일하지 않을 수 있으며, 월요일엔 오전10시까지 출근하며 매일 점심 먹을 시간이 있고 날마다 오전 8시 전엔 일을 시작하지 않으며, 7시까지 일하는 화요일이나 4시에 퇴근하는 금요일을 제외하고는 퇴근 시간은 절대로 6시를 넘지 않는다. 어떻게 하는지 알아보자. 나 같은 경우는 누가 몇 시에 만나기를 원하든 간에, 그 주에 가능한 시간은 오전 8시에서 오후 6시뿐이다. 주어진 시간안에서 앞으로 4주 동안 서로에게 편한 시간을 반드시 맞추어 약속을 잡는다.

나는 여전히 열심히 일하지만 점심시간을 포함해서 일주일에 일할 수 있는 시간은 45시간이다. 일반인 평균 업무 시간보다는 많지만 어드바이저의 평균 업무 시간보다는 훨씬 적다. 내가 매주 17개의 미팅을 하고 있을까? 그렇지 않다. 그러나 나는 내 일정에 기록되어 있는 것 보다 미팅은 더 많이 하지만 더 적은 시간 일한다. 업무에 집중하기 때문이다!

붉은색 시간을 늘릴 또다른 방법은 고객과 대면 미팅 시 자기 소개, 자격증 소개, '딱딱하고 부자연스러운' 팩트-파인딩을 하는 등의 재미없고 틀에 박힌 얘기를 하는 시간을 줄이는 것이다. 내가 이미 말했 듯이, 나는 누군가를 만나지 않고 비지니스를 할 수 있다고 생각할 만큼 순진하지 않으며 그렇게 하는 걸 추천하지도 않는다. 만나자는 요청은 항상 있으며 어드바이저로서 우리가 '자연스럽고 진솔한 팩트-파인딩', 즉 희망, 꿈, 소망을 파악할 수 있는 시간은 고객을 직접 만났을 때 뿐이다. 하지만 우리가 첫 미팅에서 잡담을 하고 현재의 상황에 대한 정보를 모으는데 시간을 낭비하지 않아도 됐었다면, 얼마나 많은 시간을 절약할 수 있었을지 생각해보길 바란다. 이미 모든 일을 사전에 끝마쳤다면, 첫 미팅에서 관계를 형성하고 우리가 돈을 받는 대가로 해야 하는 것, 즉 재무 문제를 해결하는데 시간을 이용할 수 있었을 것이다.

이렇게 하기 위해서 해야 할 것이 두 가지가 있다. 첫째, 회사와 본인을 소개하는 서류를 준비해라. 한쪽에는 회사나 에이전시에 대한 내용, 언제 설립되었는지, 관리하고 있는 펀드, 특화 상품 등에 대한설명을 담는 것이 좋다. 다른 쪽에는 본인의 사진, 자격사항, 현 고객들의 추천사를 넣을 수 있다.

제 3자의 독립적인 추천사는 엄청난 영향을 주며, 과소평가 되어서는 안되고 충분히 활용되어야 한다. 추천사를 써줄 제3자가 한 명도 없다면, 고객에게 소개자료에 실을 수 있는 호의적인 글을 부탁하는 일을 첫 번째 업무로 삼아야 한다.

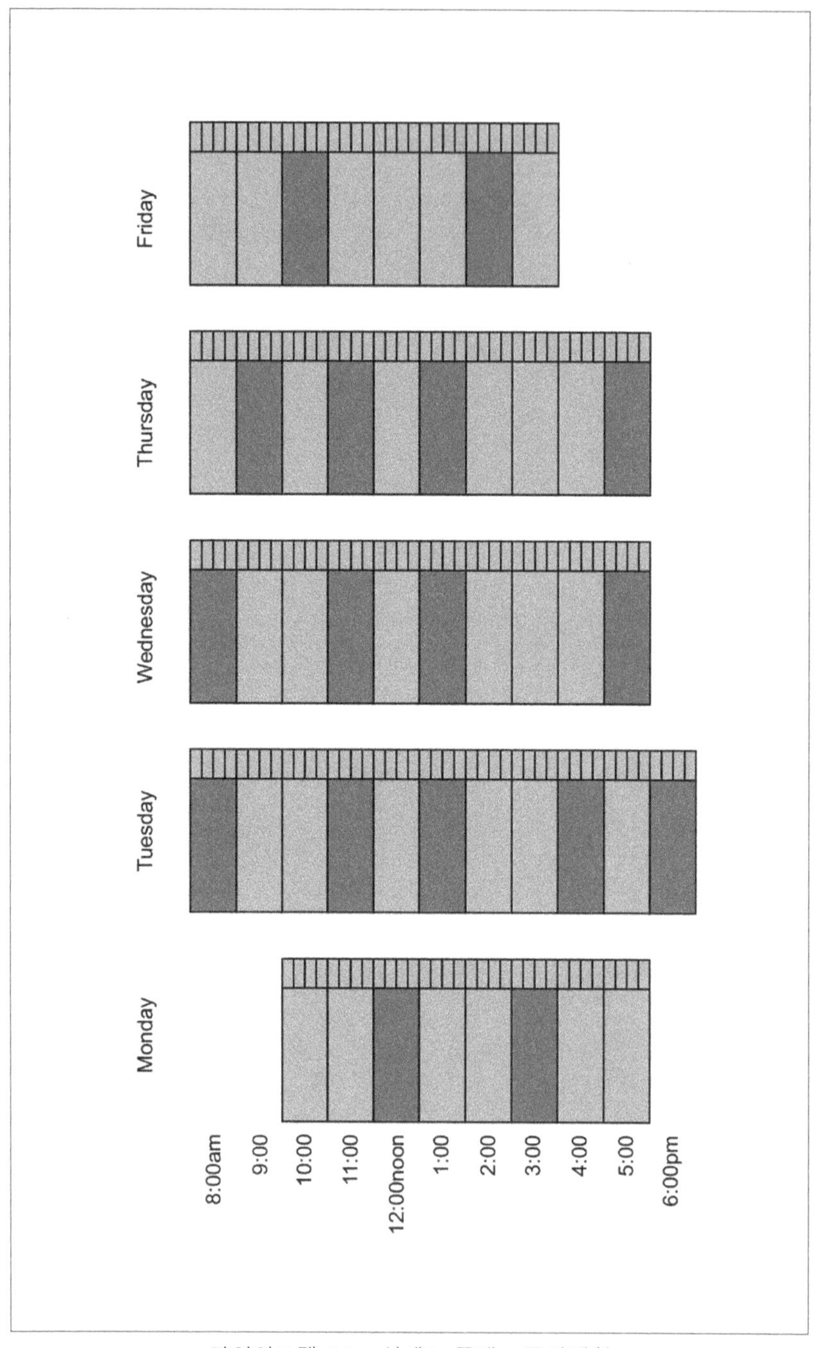

다이어그램 6.3 – 석세스 플랜 – 주간계획

두번째, 미팅에 앞서, 우리의 팩트파인딩 양식(혹은 간소화된 팩트파인딩 양식)을 먼저 발송해야 한다(부록 A-3 참고). 팩트파인딩을 보낼 때 편지를 함께 보내어, 이 팩트파인딩 양식을 미팅 이전에 완성해야 함께하는 시간이 특히 고객에게 더 가치가 있음을 설명해라. 또한 급여명세서 및 기존에 보유중인 보험증권, 그 외에 고객이 근무중인 회사에서 제공하는 의료혜택 등과 관련된 서류들의 사본을 요청하라. 만약 여러분의 회사나 에이전시가 제공한 팩트파인딩 양식이 너무 복잡해서 고객을 당황시킬 정도라면, 꼭 필요한 질문들만 뽑아서 여러분 만의 미니 팩트파인딩 양식을 직접 만들어 볼 것을 권한다. 그러면 고객을 만날 때 미팅 시간을 한층 더 효과적이고 효율적으로 쓸 수 있다. 계약을 체결하는 순간에도 같은 원리가 적용될 수 있다. 이미 알려진 정보인 이름, 주소, 보험료와 서명란을 잘 알아볼 수 있게 표시해 놓은 서류를 보내기만 하면 된다. 체결완료를 위한 체크리스트와 문제가 있을 경우를 대비한 고객센터 번호도 함께 보내야 한다.

늘 그렇듯 고객이 그 상품을 원하다면, 그들은 양식을 작성할 것이다. 만일 고객이 서류를 작성하지 않을 수도 있다는 생각이 든다면, 내 생각에는 대부분의 경우 고객이 그 상품을 더 이상 원하지 않거나 혹은 제대로 된 계획이 필요한 상태라고 생각한다.

일반적인 어드바이저를 생각해보자. 그들은 새로운 거래를 체결하기 위해 거래가 시작되고 끝날 때까지 새로운 고객과 대개 세번의 미팅을 한다. 첫번째 미팅은 소개하는 시간이다. 서로 친해지고 고객에 대한 정보를 파악하는데 많은 시간을 할애한다. 두번째 미팅은 어드바이저가 추천상품에 대해 설명하고 고객의 동의를 구하는 단계이다. 세번째 미팅에서는 최종적으로 서명을 받는다. 이러한 과정 사이에는 여러 번의 전화통화가 이루어지고, 서류를 주고받고, 정보를 확인하는 등의 일들이 이루어졌을 것이다. 우리가 여태껏 알아본 내용을 업무에 적용하면 첫번째와 마지막 미팅, 관리 추적이 필요 없어진다.

고객들은 브로셔를 통해 우리가 어떤 사람인지, 우리가 무슨 일을 하는지를 확인하고, 우리가 필요로 하는 모든 정보를 제공하게 된다. 우리는 고객을 만나서 우리의 거래 케이스에 대해 프리젠테이션을 한다. 그런 다음 수정이 필요한 부분을 수정한 뒤 서명에 필요한 서류를 보내면 된다.

이렇게 하면 3번 해야 하는 미팅이 한번으로 줄어든다. 그리고 외근 시간이 미팅 한번에 편도 30분 소요된다고 할 경우, 줄어든 외근 시간까지 포함하면 6시간 대신 2시간으로 줄게 된다.

이렇게 축약된 업무프로세스를 일주일에 3번 실행하고 12시간을 절약하라. 이는 '하루' 라는 근무시간을 절약하는 것과 같다. 매주 하루를 더 확보하고 싶은가? 자 여기 방법이 있다. 나를 믿고 이 방법을 따라해보길!

6.2 노란색 – 외근

자, 이제 노란색으로 넘어가서 외근을 어떻게 줄일지 생각해보자. 우리는 이제 외근을 아예 없애버리거나 아니면 최대한 시간을 줄일 방법을 알아볼 것이다.

가장 중요한 것은 '내근' 업무이다. 고객을 여러분의 사무실에 찾아오게 해라. 아주 간단하다. 그냥 부탁해라!

그러나 고객들이 이전에는 본인을 찾아오는 걸 좋아했는데 이제 와서 자기가 왜 찾아가야 하는지 물어본다면? 금융 서비스가 날로 복잡해지고 조사해야 할 자료, 시스템, 고객에게 제공해야 할 참고 자료가 늘어나고 있기 때문이라고 설명해주면 된다.

치과의사가 치과용 드릴이 든 가방을 들고 저녁 7시 30에 우리 집을 방문해서 우리집에 있는 편한 의자 아무거나를 뒤로 젖힌 후 거기 앉으라고 요청한다거나, 변호사가 주말에 여기저기 전화하는데 대해 어떻게 생각해야 할까? 앞서 비교처럼, 전문가로 보이고 싶다면 전문가처럼 행동해야 한다. 종종 사무실이 없다는 변명을 듣곤 한다. 장기적인 관점에서 답을 하자면, 사무실을 하나 구하도록 해라! 그렇지만 이는 시간과 돈, 그리고 계획이 필요한 문제임을 잘 알고 있다. 그렇다면 이를 목표와 비지니스 플랜에 포함시키자(우리 모두는 비지니스 플랜을 갖고 있어야 한다. 비지니스 플랜이 없다면 4장을 읽어보도록!). 그리고 좀더 즉각적인 해결책들을 생각해내야 한다.

우리가 사무실이 없으면 어떻게 될까? 근처 깔끔한 비즈니스 호텔의 로비나 레스토랑에서 만나면 된다. 사무실을 갖추기 위한 비용이 전혀 들지 않는다. 많은 비즈니스 호텔과 카페 등에서 하루나 시간 단위로 미팅룸을 빌릴 수 있다. 만일 주변에 비즈니스 호텔이 없다면 어떻게 할까?

그럴 때는 공유오피스를 찾아서 하루 동안 사무실을 빌리면 된다. 거기엔 뛰어난 리셉션 직원이 있고, 고급 가구와 사무 용품, 음료와 음식이 얼마 안되는 가격에 제공된다. 전세계에 이런 시설들을 운영하는 회사가 많다. 사전에 조금만 조사한다면 여러분이 필요한 곳에서 시내나 외곽 근교에서 저렴한 가격으로 이런 시설을 운영하는 사업자를 찾을 수 있다.

공유오피스가 전혀 없다면 어떻게 할까? 회계사나 변호사 같은 지역의 협력업체 전문가들에게 연락해서 그들을 통해 미팅 공간을 예약할 수도 있다. 전문가들을 신중하게 선택하기만 한다면 우리는 물론 우리 고객도 그들의 서비스를 이용할 것이고 반대로 그들도 우리의 서비스를 이용할 것이므로 윈윈 전략이 될 수 있다. 그들에게 미팅 공간을 몇 번 빌리고 나면, 그들이 고객을 소개해 주기 시작할 것이라고 장담한다. 미팅장소를 빌리는데 드는 돈 이상을 벌게 되는 셈이다. 남는 장사다!

오늘날의 기술은 우리가 어디에서든 일할 수 있게 만들어 주었다. 우리는 항상 '온라인' 상태로 있을 수 있다. 이는 가망고객이나 고객들도 마찬가지다. 요즈음 고객의 집이나 사무실에서 미팅을 갖지 않고 고객이 우리 사무실로 방문함에 따라 얻게 되는 장점 중 하나는 잠시나마 '오프' 상태가 허락된다는 점이다. 한 시간 만이라도 손에 들고 있는 모바일 기기의 방해없이 그들이 재무 문제에 집중할 수 있게 해주는게 우리가 줄 수 있는 선물이다.

외근 시간을 줄이는 또 다른 방법은 출퇴근을 중단하고 집 근처에서 일하는 것이다. 또 다시 내 사례를 들자면, 나는 런던 중심가에서 주로 일했다. 나는 회사에서 그렇게 멀리 살지는 않지만 요즘은 대중교통이 좋지 않고 어디나 교통체증이 심하다. 보통 하루 출퇴근에 세시간이 걸린다. 대신 나는 집에서 걸어서 10분 거리에 사무실을 구했다. 덕분에 시간은 물론 돈도 아끼고 출퇴근하면서 받는 스트레스도 줄었다.

같은 이유로, 고객들도 내 쪽으로 오는 것을 좋아한다! 나는 도심 한가운데 있는 크고 번쩍이는 사무실에 크게 감명받는 고객이 많지 않다는 걸 알게 되었다. 우선 접근성이 떨어지는데다 고객들이 대리석 리셉션과 으리으리한 유리 아트리움을 보면 자기들의 돈이 여기에 다 쓰였다고 생각하게 될 것이다! 고객들은 좋은 곳에 방문하기 위해 시간을 내는 건 좋아하므로, 사무실이 만일 외곽에 위치해 있다면, 주차장 같은 기본 시설이 잘 갖춰져 있어야 하며 대중교통 접근성이 편해야 한다. 이는 여러분을 방문하는 과정이 성가신 일이 아닌 즐거운 일이 되도록 해 준다. 나는 심지어 미팅하는 동안 고객의 차를 세차해주는 서비스까지 제공하는 어드바이저를 알고 있다(부록 A-4 참고). 사무실에 신선한 꽃을 두어 좀 더 편한 분위기로 만들고, 사무실 바닥에 서류뭉치를 쌓아 두지 말고 깔끔하고 단정하며 남에게 보여줄 수 있게 정리해 놓아야 한다. 즉, 자신이 방문하고 싶은 그런 장소로 만들어야 한다. 주변 환경에 익숙해지면 사무실의 진짜 상태를 알아채기 어려운 경우가 많아 사무실 환경에 대해 인식을 못할 수 있다.

일주일에 편도 이동 시간이 30분 걸리는 미팅을 8번 한다고 가정할 경우, 이런 이동시간을 줄이는 것만으로도 일주일에 8시간이 더 생긴다. 즉, 매주 20%의 여유 시간이 생기는 것이다.

나는 신규 고객과는 화상회의를 이용한 온라인 미팅을 하는 것을 그다지 찬성하지는 않는다. 물론 화상회의가 고객들이 개인 공간에서 검토할 수 있게 하고, 전화 통화만 하는 것보다는 훨씬 더 가깝게 다가갈 수 있다는 데에는 동의하나, 새로운 사람과 관계 및 신뢰 형성이라는 측면에서는 같은 공간에 있는 것을 선호한다.

그렇지만 때로는 모든 사람을 내 사무실에서 만날 수 없는 경우도 있다. 예를 들어 우리가 기업 대상 시장에서 일할 경우 세명의 오너나 주주들을 한번에 부르기 어렵다.

꼭 외근을 해야 하는 경우에는 원칙을 세워서 목표처럼 수첩을 통해 관리하면 된다. 나는 다이어리의 내 외근일정을 세 개의 섹션으로 나누었다. 매주 화요일은 시내 중심가에 있는 고객들을 만나는 시간이고, 매주 수요일은 서쪽 주택가, 매주 목요일은 동부 금융 지구 쪽 고객들을 만난다. 시외에서 일이 생긴다면 월요일 일정으로 넣는다. 금요일은 항상 사무실에서 시간을 보낸다. 내 고객들은 이런 내 일정을 알고 있다. 따라서 서쪽 지역의 고객이 전화를 하면, 그들은 수요일 중에 약속 시간을 정한다. 나는 고객들을 이런 식으로 그룹으로 묶어 만나서, 이동 시간을 줄인다. 당일 시내로 나갔다가 다시 돌아와야 하는 일은 절대 없다. 내 미팅은 전부 지역별로 묶여 있다. 덕분에 대중 교통 비용, 주유비, 주차료 역시 절약할 수 있다.

6.3 녹색 – 개인 시간

자, 다음 얘기할 부분은 녹색 부분, 즉 개인시간에 대한 다이어리 목표 설정이다. 대부분이 이런 시간을 늘리고 싶어하는 입장일 것이다. 이 부분 역시 이전 색깔 부분들처럼 접근하면 된다.

수첩에 개인시간에 필요한 스케줄도 기재하고, 다른 약속들과 똑같이 취급해야 한다. 다른 약속들과 거의 똑같이! 심지어 고객과의 시간보다 이 시간을 더 중요하게 생각해야 한다. 첫 아이가 태어났을 때 내가 그랬던 것처럼, 녹색으로 표시된 시간이 더 많아지는 것이 여러분의 현재 업무 패턴에 중대한 영향을 준다면 고객들에게 알려야 한다.

피트니스센터나 골프연습장, 아니면 스파에서 더 많은 시간을 보내고 싶다면, 본인 자신과의 미팅을 일정에 넣어 놓아야 한다. 자녀들의 운동 경기, 학교 연극 같이 자녀 관련 일이 생기면, 일정에 포함시켜라. 고객이 만나기를 원할 때, 아이가 상을 받게 되어 시상식에 참석해야 하므로 시간이 안 날 것 같다고 말하면 그들은 이해할 것이다. 특히, 앞서 설명한 대로 고객과의 대면 미팅시간 슬롯을 충분히 마련한 상태에서 다른 미팅 시간을 바로 제안할 수 있다면 말이다.

그리고 중요한 가족모임에 참석해야 한다는 이유를 받아들이지 않는 고객이라면, 나는 그런 사람들과는 더 이상 거래하지 않겠다고 말할 수 있다. 이건 우선순위에 관한 문제이다.

우리들 대부분은 자기 자신이나 가족들에게 더 많은 시간을 쓰고 싶다고 생각하면서 앉아있지만, 어떻게 해야 할지를 모르는 경우가 많을 것이다. 그 이유가 단지 시간 때문이라면, 앉아서 석세스 플랜의 개념에 대해 공부하고 어디서 한 시간을 아낄 것인지 계산해서 수첩에 바로 녹색으로 칠해라. 일주일에 한번 이동을 줄이고 삼십분을 아낄 수도 있고 서명 서류를 메일로 보냄으로써 삼십분을 아낄 수도 있다. 여러분은 어디에서든 시간을 절약할 부분을 찾을 수 있을 것이다.

그러나 마음은 원하지만 머리가 이렇게 하는 걸 막는 것 같다면, 즉, 이게 좋은 아이디어인 줄 알면서도 해야 할 '일'이 늘 쌓여 있다면, 녹색 시간을 더 많이 가지기 위해 할 일의 목록을 만들어보는 것이 대답이 될 수 있을 것이다. 다이어그램 6.4 를 보자.

녹색 시간 개인/가족 이벤트	+장점 녹색시간을 갖는 경우	-단점 녹색 시간을 갖지 않는 경우
매주 3회 피트니스 센터 가기	1. 기분이 좋아지고 보기에도 좋아짐 2. 새로운 옷을 살수 있음! 3. 체중 감량 목표 달성	1. 잠을 잘 수 없음 2. 계단을 오르는데도 숨이 참. 3. 테니스에서 아이들한테 짐.
제시간에 퇴근해서 아이들에게 잠들기 전 동화를 읽어주고 아내와 저녁 먹기	1. 아내, 아이들에게 충실한 시간을 보낼 수 있음 2. 퇴근, 밥, 잠, 출근을 반복하는 대신 잠들기 전 휴식 시간을 가질 수 있음 3...	1. 아이들이 자라는 모습을 놓치기 됨. 2... 3....

다이어그램 6.4 - 녹색 시간의 이유

왼쪽 열에 녹색 시간에 해당하는 일들을 쓴다. 다음 열에는 이 시간을 가짐으로써 얻는 긍정적인 요소를 쓰고, 그 옆의 열에는 이 시간을 가지지 못해서 생기는 결과인 부정적 요소를 쓴다. 이렇게 하면서 가족이나 본인한테 먼저 시간을 할애해야만 하는 이유를 최소 한가지라도 찾아야 한다.

나는 개인적인 시간을 마련하는데 종종 문제를 겪었다. 나는 그 시간을 얻을 자격이 있다고 생각될 때만 이 시간을 나 자신에게 허락한 것 같다. 그 결과, 나는 계속 일하려고 하고, 하루 쉬기 위해 거의 목표치를 달성할 만큼 일하고, 정작 쉬는 날에는 너무 열심히 일한 탓에 아프기 일쑤였다. 이는 마치 내가 언덕 너머 A에서 B 지점으로 돌을 옮기려고 노력하는 것에 비유할 수 있다. 내가 언덕 위로 돌을 더 밀어 올릴수록, 중력이 더 크게 작용하게 되고 결국 꼭대기까지 밀어 올린 다음 절벽 아래로 떨어뜨리고 나서야 쉬거나 거의 기진맥진 상태가 되고 마는 것이다. (다이어그램 6.5 참고.)

그런 걸 여러 번 겪고 나서야 내가 잘못하고 있었음을 깨달았다.(다이어그램 6.6 참고.). 다이어그램 6.6은 A에서 B까지 돌을 옮기는 가장 쉬운 방법은 먼저 쉬는 것이란 걸 보여준다. 돌을 언덕 아래로 굴리는 건 간단한 문제이다. 아래로 굴리는데 어느 정도 힘을 가한다면, 다음 언덕을 올라갈 수 있는 동력을 유지하는 것은 비교적 쉽다.

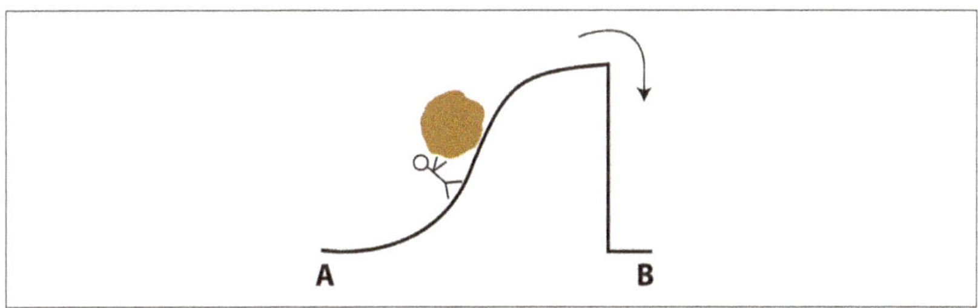

다이어그램 6.5 - 바위

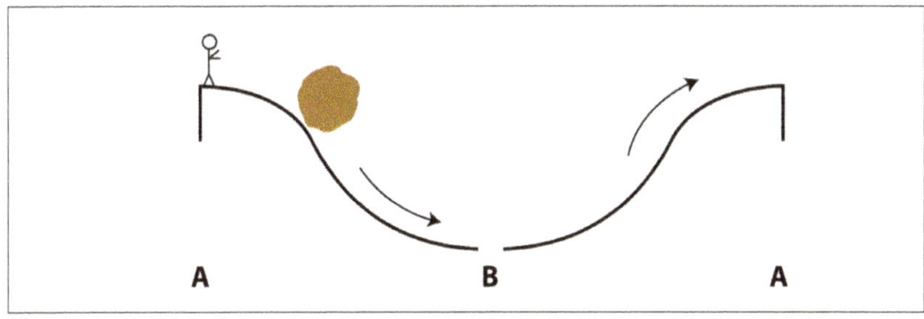

다이어그램 6.6 - 바위

이 두 가지 단순한 그림이 내 인생을 바꾸어 놓았다. 그렇지만 여전히 무언가가 빠져있었다. 대부분의 경우, 정시 퇴근과 주말에 쉬는 것, 아이의 학교 연극에 참석하는 것을 막는 건, 우리가 처리해야하는 많은 양의 서류작업 때문이다. 관리업무 말이다!

6.4 검정색 – 관리 업무

앞서 나는 다섯가지 색깔의 펜을 사야 한다고 썼다. 이 제 이 책을 읽고 있는 여러분들은 석세스 플랜을 작성하는데 왜 다섯가지 펜을 새로 사야하는지 점점 더 명백하게 느낄 것이다.

우선 검정색깔 펜은 엄청나게 일을 많이 하게 되는 펜이다. 우리가 진정으로 석세스 플랜을 이해하고, 미리 마음 속에 다섯 색깔을 그려본다면, 우리는 검정펜을 싫어하게 될 것이다. 대부분의 어드바이저들, 특히 여러분 같다면, 그리고 여러분이 이 책을 여기까지 읽었다면, 우리는 직업에 대한 높은 자부심과 높은 동기의식을 갖게 될 것이다.

문제는, 한 가지 일을 처리하면 바로 다른 문제가 생기는 일 등 자꾸 급한 불을 꺼야 하는 상태가 되면서 우리의 주의력이 자주 흐트러진다는 것이다. 이를 해결하지 않고 놔둔다면, 미친듯이 바쁘기만 하고, 내 시간은 없다고 여겨지는 날이 며칠에서 몇 주로 늘어나게 된다. 새로운 실적을 올린 게 없고, 주초에 처리했어야 할 일들의 목록이 금요일에도 처리했다는 체크 표시 없이 할 일 목록에 남아 있을 것이다.

우리의 석세스 플랜에 검정색이 왜 이렇게 많은지에 대해서는 우리 모두 그 이유를 추측할 수 있다. 우리가 맞닥뜨리고 있는 '늘어나는 규제' 때문이다.

우리가 고객에게 추천하는 권고안을 뒷받침하기 위해 요구되는 추가 서류작업에, 자금세탁방지법과 고객 신원 확인을 위한 추가 서류, 더 나은 고객 서비스에 대한 수요 증가, 청약 이후 해당 계약에 대한 위험도 평가와 관련해 계속해서 늘어나는 추가 업무 등등 이런 것들을 끊임없이 나열할 수 있다. 문제는 이런 일들은 시간당 260파운드가 아닌 26파운드짜리 일이라는 점이다. 기억하고 있는가? 정답은 '위임'이다.

여러분이 이 글을 읽고 있다는 바로 그 사실이 여러분이 성공을 열망한다는 것을 증명하고 있다. 하지만 착각해서는 안되는 게 있는데, 바로 우리 일은 우리만 할 수 있다는 생각이다. 다른 측면에서, 우리가 '관리'라고 부르는 모든 요소들은 우리가 직접 해야 할 필요가 없다. 우리 모두 메인플랫폼 무대에 선 최고의 영업전문가들이 '위임하라'라고 말하는 것도 들었고, 또한 그들의 책에서도 관련된 얘기를 많이 보았다..

하지만 우리가 실제로 실행한 적이 있던가? 여러분은 정말 이 말을 믿고 있는가? 나는 단순히 좋은 아이디어라고 말만 하는게 아니라, 이를 입증하고 나의 사례를 보여주려고 한다. 그리고 여러분에게도 어떻게 적용할 수 있는지를 알려주고자 한다.

어시스턴트에게 연봉 2만파운드를 준다고 가정해보자. 이 연봉을 52주로 나누고, 주당 40시간 근무한다고 하자. 이 경우 시간당 급여는 10파운드 이하가 된다. 어드바이저들은, 시간당 50, 100, 260 파운드, 혹은 그 이상의 가치를 가지고 있다. 제6.1장 초반에 논의한 이야기들을 떠올려 보길 바란다. 이 관리업무를 하는데 드는 비용은 시간당 10파운드이거나 그 이하라는 소리다. 우리가 일전에 든 예시를 통해 우리는 석세스 플랜을 빨간색으로 칠할 때마다 시간당 수 백 파운드를 벌 수 있음을 이미 알고 있다.

검정펜을 사용할 때마다 우리는 시간당 10파운드 짜리 일을 하고 있는 셈이다. 좀 더 동기부여가 필요하면, 스티커를 집어 들고, 거기다 시간당 10파운드라고 쓴 다음 검정색으로 칠한 부분마다 이 스티커를 붙여서 볼 때마다 이 점을 상기할 수 있게 해라.

시간당 10파운드짜리 업무, 다른 사람에게 이 돈을 주고 일을 맡겨라! 보통의 어드바이저는 관리업무를 하는데 자신의 시간 중 50% 가까이를 쓴다고 한다. 관리업무가 그렇게 많지 않다면, 고객과 만나는데, 가족과 시간을 보내는데, 아니면 우리의 관심사를 위해 얼마나 많은 시간을 쓸 수 있을지 생각해보자. 야근을 하지 않아도 되는 밤들이 얼마나 많을까? 얼마나 많은 주말을 되찾을 수 있을까? 삶의 질을 얼마나 높일 수 있을까? 평범한 어드바이저들에게 이런 것들을 어떻게 적용할 수 있을까?

일반적으로 여러분이 계약 한 건을 클로징 해서 올릴 수 있는 평균 매출사이즈가 500파운드라는 점을 기억하길 바란다. 우리가 살펴본 연봉 사례에서는 일주일동안 목표를 딱 맞게 달성하기 위해서는 한 건 미만의 추가계약이 조금씩 필요 한 것을 보았다. 물론 관리업무를 일부는 해야 하겠지만, 이는 어쩔 수 없는 부분이다. 하지만 우리가 주당 50시간을 일하고 그 시간의 절반은 관리업무에 쓴다고 가정했을 때, 관리업무의 절반, 즉 전체 업무의 25%만 위임하더라도 바로 12시간의 자유시간이 생긴다. 하루 근무시간에 맞먹는 이 12시간에 추가 거래를 체결하거나 500파운드의 커미션을 더 얻을 수 있지 않을까? 대부분의 어드바이저들은 당연히 그렇다! 라고 대답할 것이다.

지금까지 얘기한 석세스 플랜의 아이디어 몇 개를 실천하기로 했다고 해보자. 예를 들어, 수첩에 세워놓은 목표 설정에 따라 일주일 간 더 많은 미팅 하기, 저녁 미팅 없이 정시에 퇴근하기, 사전에 '확실한 정보'를 메일로 발송하기, 정해진 날에만 외근 나가기, 관리업무는 시간당 10파운드에 위임하기. 이렇게만 해도 더 큰 거래를 체결하거나, 평균 500파운드짜리 거래의 수를 늘리거나 해서 주당 몇 천 파운드의 추가 실적을 올릴 수 있을 거란 생각이 쉽게 들 것이다.

관리업무를 위임하고 매월 추가로 4건의 거래를 체결하면 손쉽게 실적을 두배로 만들 수 있다. 연봉 20,000 파운드를 지불하고도 이익이 남으며, 게다가 추가 녹색 시간, 즉 추가적인 개인 시간도 생기게 된다.

내 자신의 영업사례가 이 수치를 뒷받침해준다. 이 개념을 내 일에 접목시키고 2년이 지나자, 내 실적은 두배가 되었다. 게다가 나는 주당 평균 40시간 근무하게 되었다. 이 방식으로 일하기 전에는 보통 70시간을 일했다.

업무를 위임할 적임자를 찾는 것이 중요하다는 점을 덧붙이고 싶다. 평판 좋고 능력있는 헤드헌터를 이용하고, 채용하기 전에 개인 프로필이 가장 최신인 이력서들만 검토하길 권한다. 적임자를 채용하는 방법에 대한 책을 최소 한권이라도 읽거나 채용에 대한 강좌가 있다면 꼭 이수할 것을 권한다. 나는 4년 간 4명의 어시스턴트를 채용했고 내가 직접 그들을 찾았는데, 이제는 그들이 떠나면 내 혼자 힘으로 사업을 운영하는 것조차 어려울 지경이다. 생산성을 두배로 높이려면 최고의 어시스턴트가 함께 해야 한다는데 의심의 여지가 없다. 사실, 많은 고객들은 일상적인 업무에 관해서는 내 어시스턴트에게 전화해서 얘기하는 걸 더 좋아하는데, 이렇게 되어야 한다. 내 고객들은 우리 직원들이 최고의 실력을 가지고 있으며 고객들의 요구사항을 잘 처리해준다는 신뢰를 갖고 있어서 나는 내 역량이 필요한 일에만 집중할 수 있다. 사실 관리업무는 그들이 나보다 더 뛰어나다!

위임할 수 있는 다른 일들도 많다. 2주나 3주간 종이 한 장을 가지고 다니면서 우편물 개봉부터 고객을 만나는 일까지, 여러분이 하는 모든 일을 종이에 써보기 바란다(부록 A-5 참고). 그 다음 그 리스트를 보면서 위임하는 게 더 효율적인 일이 있는지를 살펴보아라. 이 리스트를 여러분의 석세스 플랜과 접목시켜 보자. 예를 들어, 여러분이 한 미팅 장소에서 다음 미팅 장소로 이동하는데 시간을 많이 쓴다는 걸 알게 될 수도 있다. 미팅 장소를 '지역별로 묶는' 석세스 플랜의 원칙을 준수한다면, 그 날 하루 운전기사를 고용하는 것이 경제적일 수도 있다. 여러분의 모든 미팅을 지리적으로 가까운 곳끼리 비슷한 시간대에 배치하는 것이 차안에서 보내는 시간을 줄이고 미팅에 시간을 더 많이 쓸 수 있다(빨간색 시간이 더 늘어난다). 하루에 한 건만 추가로 더 판매하면 운전 기사에 쓰는 비용을 정당화할 수 있다고 생각한다. 누가 운전기사가 될까? 여러분은 지역 택시 회사나 그 일을 할 수 있는 운전기사를 이미 알고 있을 수 있다. 아니면 더 나아가 임원 헤드헌팅 회사를 통해 제복을 입은 운전기사를 고용하기를 원할 수도 있고, 그 지역의 지리를 잘 알면서 일주일에 며칠 일하고 약간의 부수입을 얻고 싶어하는 사람을 알고 있을 수도 있다. 그러나 효율적이라고 하기엔 아직 갈 길이 멀다. 운전기사를 고용함으로써 길에 집중하는 대신, 전화를 걸고, 정보를 습득할 수 있다. 이는 노란색 시간들이 파란색이나 녹색 시간으로 바뀐다는 것을 의미한다. 보통 주차하는데 썼던 시간과 돈 역시 줄어드는데, 그저 차에서 내리고 편할 때 다시 타면 되기 때문이다. 물론, 운전기사 급여는 영업비용이라 세금 신고 시 비용처리도 가능하다!

이처럼, 전화 받기(리셉션 직원), 서류 준비 및 고객 정보 및 피드백 관리 (행정 계획 담당자), 우편물 개봉, 사무용품 주문(사무 직원) 같은 다른 영역의 비즈니스에도 이 원칙을 적용할 수 있다. 여러분의 활동을 기록하고, 효과적이고 경제적으로 위임할 수 있는 업무 영역을 결정하면, 붉은색 시간이 늘어나고 여러분의 실적이 상승하는 것을 보게 될 것이다.

6.5 파란색 – 가망 고객 찾기

자, 남은 컬러는 이제 파란색 뿐이다. 우리가 성공을 보장할 수 있는 유일한 방법은 가망고객이 끊임없이 이어지게 하는 것 이다. "당신에게 가망고객이 하나도 없다면, 당신은 가망이 없다"라는 말도 있다. 많은 사람들이 당신의 다이어리에 파란색 부분이 늘어나고, 고객을 찾는 시간이 늘어나는 것이 좋은 현상이라고 말할 지도 모른다. 나도 이 말에 동의했었다. 그러나 석세스 플랜을 시행하면서 이제는 파란색 시간 역시 다른 사람, 즉 고객에게 위임하는 것이 최선이라는 결론에 도달했다. 물론 예외도 많으며, 예외는 나중에 다루도록 하겠다. 일반적으로 새로운 고객을 확보하는 가장 효율적인 방법은 개인적으로 소개를 받는 것이라는 것에 다들 동의할 것이다. 그러므로 우리는 소개를 많이 확보해야 하고, 고객들이 우리에게 다른 가망고객들을 소개하도록 만들어야 한다. 소개를 확보하는 프로세스는 자동화되어야 한다. 특히 이 일을 갓 시작했거나 비교적 젊은 어드바이저들에게 "어떻게 더 많은 고객을 확보하는가" 라는 질문은 우리 직업에서 가장 많이 하게 되는 질문 중 하나다. 업계에서 조금 더 오래 일한 이들에게 새로운 고객이란 일반적으로 평균 판매금액보다 비싼 상품을 계약하며, 비즈니스를 살아있게 하기 위해 필요한 존재라고 인식되고 있다. 따라서 우리는 끊임없이 고객 저변을 늘리기 위해 노력한다.

나는 이 질문을 이렇게 바꿔서 자신에게 던지기를 제안한다. "보다 더 양질의 고객을 확보하기 위해서는 어떻게 해야 하는가?"

이 장에서는 임의의 가치를 가진 고객을 창출하는데 시간과 돈을 많이 쓰는 전통적인 고객확보 방식에서, 양질의 소개가 지속적으로 이어지게 하는 고객확보 방식으로 업무 관행을 바꾸는 방법을 알려줄 것이다. 이 책에 있는 모든 내용이 그렇듯, 이는 이론이 아닌 실제 효과가 있는 내용이며, 실질적인 예를 들 것이다.

소개를 받는 전통적 방법에 대해 알아보자. 다른 걸 하기 전 우리가 반드시 해야 하는 두 가지가 있다.

첫 째:

• 우리는 가치를 창출하고 고객에게 서비스를 제공해야 한다.

둘 째 :

• 우리는 부탁해야 한다!

이 두가지 기본적인 사항을 행하지 않는다면 절대로 소개받을 수 없다.

이 책을 읽은 모든 이들이 가치를 창출하고 서비스를 제공하고 있다고 가정해보자. 그리고 첫 번째 미팅 시 프리젠테이션에 써 놓은대로 판매 시점에 소개를 부탁한다고 가정하자. 이 단순한 두 가지를 실천한다면 여러분은 소개를 받을 자격이 된다. 상기 사항을 지키지 않거나 소개받을 자격이 없다고 생각한다면 자기 자신에게 그 이유를 질문해야 한다. 자기 자신을 추천하기가 망설여진다면 무엇인가 잘못되었다는 말이다!

소개를 받을 수 있는 가능성은 다음 네 가지 사항에 달려있다는 말을 들었을 것이다 :

1. 약속 시간에 늦지 않는다

2. 자신이 말한 것은 반드시 행한다

3. 한번 시작하면 끝을 낸다

4. '부탁드립니다'라는 말과 '감사합니다'라는 말을 잊지 않는다. (부록 A-5 참고.)

추가로, 우리가 권하는 상품에 관하여 실제로 경쟁력도 갖추고 있어야 한다.

여러분 대부분이 직면한 문제점이 여기 있다. 우리는 소개받을 만한 습관들을 실천에 옮기고 있고, 경쟁력이 있으며, 고객에게 **훌륭한 가치**를 제공해준다. 그러나 고객 전부에게 **훌륭한 가치**를 제공한다면, 모든 고객으로부터 소개를 받아야 할 것이다. 여러분 중 "저를 모르시겠지만 존이 어드바이저님께 전화해보라고 해서요. 몇 달 전에 무료 자문을 받았다고 들었는데, 저도 받을 수 있을까요?" 같은 전화를 받는 사람이 몇이나 될까?

우리 모두 소개를 높이 평가하고 있으며, 고객이 나를 소개했다는 것은 좋은 일이란 걸 알고 있다. 하지만 소개라도 무료로 계속 일을 해준다면 비즈니스는 오래 지속되지 않을 것이다.

이제 여러분들의 고객층에 대해 한번 생각해보자. 고객이 단 두 명 이든, 이천 명이든 상관없다. 마음 속에 최악의 고객을 떠올린다. 최악의 고객이 소개한 거래의 유형을 생각해본다. 이제 마음 속에 최고의 고객이 소개해 준 거래의 유형을 그려본다. 이해되기 시작했는가? 우리가 무엇을 하고 있는지 알 수 있겠는가? 우리가 모두에게 동일한 서비스를 제공한다면, 우리는 최고의 고객에게 소개를 받을 수 있지만, 최악의 고객한테도 소개를 받게 된다는 위험이 있다. 둘 중 어떤 쪽을 소개받더라도, 우리는 우리 일을 해야 한다!

여러분 대부분은 80/20 법칙, 소위 파레토 법칙을 들어본 적이 있을 것이다. 다음은 이 법칙을 조금 변형한 것이다. 일년 동안 여러분과 거래한 고객을 분석해보면, 고객들이 모두 동일한 수입과 직업을 가지지 않는 한, 파레토 법칙이 적용되고 있다는 걸 알게 될 것이다. 아무리 많은 사람에게 상품을 판매했다 하더라도, 수입의 50%는 20명의 고객에게서 나온다. 20%가 아닌, 20명이란 점에 주목하자. 우리가 100명한테 상품을 팔게 되면, 수익의 50% 는 상위 20명의 고객으로부터 얻게 된다. 우리가 200명에게 상품을 팔아도, 수익의 50%는 상위 20명의 고객으로부터 얻는다. 우리가 400명한테 상품을 팔더라도 수익의 50%는 상위 20명한테서 얻게 된다(부록A-6 참고).

여기서 중요한 메세지는 소개의 질을 높이기 위해서는 양질의 고객에게 양질의 서비스를 제공하는 데 집중해야 한다는 것이다.

여러분들 대다수는 목표 설정에 익숙할 것이다. 그렇지 않다면 제11장과 부록 B를 읽고 거기에 나열된 제목 중 하나를 생각해 보길 바란다. 우리가 해야 할 일은 소개에 대한 목표를 세우는 일이다. 그러기 위해서는 상위 20명의 고객이 누구인지 파악해야 한다. 나 같은 경우에는 친하게 지내고, 기업가적인 마인드를 갖고 있으며 경제적 잠재력이 크고, 두 개 이상의 재무 설계 분야에서 나와 함께 일하고 있는 사람으로, 향후에도 거래할 기회를 더 많이 제공하는 사람이다.

여러분의 상위 20 명의 고객 명단을 작성하는 시간을 갖길 바란다.

No.	고객	소개 1	소개 2	소개 3
1				
2				
3				
4				
5				
6				
7				
8				
9				
10				
11				
12				
13				
14				
15				
16				
17				
18				
19				
20				

상위 20위 고객의 평균 거래 규모 =
곱하기
리스트의 공란 개수
는
상위 20개의 소개건의 예상 실적

다이어그램 6.7- 소개받은 사람 60명

다이어그램 6.7을 활용해도 좋다. 내가 처음 명단을 작성했을 때는 14명 밖에 찾을 수 없었다! 내 기준에 맞는 사람이 딱 14명 밖에 없었지만, 빠진 이름들을 채우는 방법을 이제부터 알아볼 것이므로 걱정할 필요는 없다. 고객이름이 써진 칼럼의 오른쪽에 그들로부터 소개받은 사람을 기재할 세 개의 칼럼이 있다. 이 칼럼들이 우리가 채워야 하는 칸이다. 펜을 들어서 상위 20명의 고객으로부터 소개받은 사람의 이름을 써넣어라. 한 칸도 못 채울 수도, 반 이상도 못 채울 수도 있다(부록 A-6 참고).

고객이 단 몇 명 뿐이더라도, 이제 비지니스를 앞으로 나아가게 하는 방법이 우리 앞에 펼쳐져 있다는 걸 알 수 있다. 이제 우리 머리속에 있는 목표 설정 메커니즘이 빈 칸을 채우는 일을 돕기 시작할 것이다. 우리는 빈 칸이 모두 채워지는 모습을 보고싶은 자연스러운 욕망을 가지고 있을 것이다.

한 명의 고객으로부터 여러분의 기준에 맞는 세 명을 소개받으면, 이 사람들을 다시 명단 맨 아래에 써 놓고, 이들로부터 다시 새로운 사람을 소개받아야 한다. 이는 끝없이 계속되며, 자가 증식하는 과정이다.

잠깐 연습삼아, 다이어그램 6.7의 아래쪽에 여러분이 생각하는 상위 20명의 고객의 평균 계약 규모를 기재해보자. 이 거래들은 최고 중에서도 최고의 거래라는 걸 잊으면 안된다. 평균 계약 규모가 500파운드인가? 아니면 1,000파운드? 5,000파운드? 아니면 10,000파운드? 이제 여러분이 작성했던 목록에 소개 칸 중 빈칸의 수를 기입해보자. 이제 평균 계약 규모와 빈칸의 수를 곱해본다. 매우 흥분되는 숫자가 나오지 않았는가? 우리의 노력을 전체 고객에게 분산시키기 보다는 레이저처럼 상위 고객에게 집중하면 보상을 얻는다는 걸 알기 시작한 것이다.

이제 우리가 볼 수 있는 곳에 이 목록을 비치해 두는 것이 중요하다. 예를 들어 책상 앞의 벽도 좋고, 수첩 도 좋다. 우리의 잠재의식 속에 당장 해야 할 과업으로 늘 상기시킬 수 있도록 하기 위해서다.

일례로, 내가 이 방법을 실행하고 있을 때 있었던 일이다. 나는 고객에게 전화를 걸어 "안녕하세요 프레드, 이언 그린입니다"라고 말했다. 프레드는 "전화 걸어주셔서 감사해요. 안 그래도 당신에게 전화하려고 했었어요"라며 대답했다 (여러분은 이런 일을 겪은 적이 있는가?). "언제 사무실에 한번 들리시겠어요? 제 동료 두명에게 우리가 했던 부동산 플랜에 대해 말한 적이 있었는데 그들도 같은 플랜을 원해요". 이제 이 사람이 나의 가장 큰 고객 중 한 명이었다는 점을 기억해야 한다. 그리고 나는 방금 같은 일에 대해 두 번 소개를 받은 것이다. "물론이죠, 프레드 씨" 나는 이렇게 대답하고(더 일찍 소개를 부탁하지 않은데 대해 자책하며– 기본을 항상 기억해야 한다–부탁하라!) 그리고 그의 동료들과 만날 시간을 정했다. "그런데 무슨 일로 전화하셨죠 이안 씨?". "프레드 씨, 당신 변호사의 이름과 전화번호 좀 알려줄 수 있나요?". "그럼요, 이안 씨, 무슨 일 있으세요?". "아니요 프레드 씨, 당신과 함께 했던 플랜이 너무 성공적이라서요. 당신 변호사는 아마 당신과 비슷한 일을 하는 고객들을 많이 알고 있을 것 같아요. 그래서 제가 같은 방법으로 도움이 될 수 있을까 싶어서요".

짧게 요약하면, 결국에는 프레드씨는 나를 도울 수 있다는 사실에 매우 기뻐했고 그의 변호사에게 전화를 걸어 내가 곧 연락할 것이라고 말해주었다. 내가 변호사에게 전화를 하자 그 역시 내 전화를 반기면서 믿을 만한 금융 상담가를 찾고 있었다고 말했다. 그 이후 우리는 여러 프로젝트를 함께 했고 이는 양쪽 모두에게 충분히 많은 비지니스를 가져다주었다. 기본에 충실했던 그 한통의 전화가 거액의 수익을 책임진 것이다. 한번 해보자, 진짜 된다!

여러분은 뉴스레터를 발송하는 방법을 써서 고객과 꾸준히 연락을 유지해야 한다는 이야기를 들어보았을 것이다. 과연 몇명이나 뉴스레터 발송으로 고객과 연락을 유지하고 있을까? 시간과 노력, 그리고 비지니스 투자에 집중했을 때 어떤 일이 일어나는 한번 보자:

고객 접촉 방법 (예를 들어 고객 매거진이나 불특정 다수에게 이메일을 무작위로 보내는 방법)

고객 수 =총 500 명(500 명의 고객 = 전형적인 어드바이저의 활성 고객 기반)

고객당 마케팅 비용(시간, 배포 및 우편 포함) = 1파운드

총 비용= 500 파운드

대신 이 방법은 어떨까?

아래는 우리가 해야 하는 일의 예시이다:

양질의 고객 접촉(예를 들면 비지니스 서적)

고객 = 상위 20

고객당 마케팅 비용 = 25파운드 (우편료 포함)

총 비용 = 500파운드

상위 20명의 고객들에게 25파운드짜리 책을 보냄으로써 그들에게 얼마나 인상을 강하게 남길 수 있을지 생각해보자. 특히 그들의 관심사나 전문분야에 대한 책을 보낸다면 말이다. 여러분을 사로잡은 아이디어가 있다면, 이에 대한 매우 훌륭한 교육과정과 책은 널려 있다. 우리가 거래처로부터 무언가를 받는다면, 우리는 그 거래처를 선호하게 될까? 우리가 거래처의 상위 20 안의 고객임을 알려주는 첨부편지와 함께 귀중한 선물을 받는다면 기분이 어떨까? 굉장히 특별할 것이다. 우리는 최악의 고객이 아닌 최고의 고객으로부터 소개를 받는데 찬성하는 쪽으로 마음이 기울어지기 시작했다.

예시에서 전체 마케팅 비용은 500파운드였다. 이 정도는 좋은걸까 나쁜 걸까? 너무 많은걸까 너무 적은걸까? 정답은 없다. 우리가 고객으로부터 얻는 수익과 얼마나 많은 고객이 이를 가져다주는지에 따라 다르기 때문이다. 이 책의 뒷장에서 비지니스와 고객 데이터 추적관리에 대해 설명할 것이다.

다음은 우리 마케팅 전략의 핵심이다:

1. 신규 고객을 확보하는데 드는 비용 알기

2. 평균 계약체결 사이즈에 대해 알기

우리는 비즈니스를 더 키우기 전에 각자의 비지니스에 대한 이런 수치들을 알고 있어야 한다. 전체 세부목록에 대해서는 제7장을 참고하되, 고객 당 이익을 계산하기 위해서는 전체 발생한 수입에서 비용(에이전시 수수료, 인건비, 렌트비 등)을 빼야 한다. 나는 순이익을 10%에서 20% 사이로 맞추는데, 쉽게 순이익이 15%라고 하자.

나의 경우 상위 20명의 고객으로부터 얻는 평균 계약체결 사이즈는 4,161파운드이다. 전체 고객으로부터 얻는 평균 계약체결 사이즈는 1,905파운드이다. 상위 20명의 고객과의 계약체결규모는 평균적으로 나머지 고객들과의 계약과 비교했을 때 두 배 이상이다. 이런 거래들은 엄청 크진 않지만 그렇다고 적은 규모도 아니다. 나는 매일 대형 거래를 성사시키는 업계의 슈퍼스타가 아니다. 나는 그저 이 시스템을 적용한 것 뿐이다. 중요한 건 내 평균 이익율이 매년 상승하고 있다는 점이다. 나는 상위 20개 실적의 평균 계약체결 사이즈는 4,000파운드이고 600파운드의 이익이 날 것임을 알고 있다. 나는 더 많은 비지니스 기회를 얻기 위해 고객에게 300파운드를 아낌없이 쓰고 여전히 이익을 내고 있다. 반대로, 전체 고객으로 볼 때 고객 당 평균 이익은 총 285파운드인데, 이는 상위 20명의 고객에게 쓰는 마케팅 예산보다 적다.

우리는 고객의 수익성을 계산하는 연습을 해야 한다. 그리고 나서 전체 고객을 기준으로 한 평균 거래 규모를 계산하고 상위 20명의 고객의 평균 거래 규모와 비교해보아야 한다. 우리가 평균 거래 규모와 거래 당 이익을 알게 되면, 마케팅 예산을 세우고 및 이에 맞는 활동을 계획할 수 있다.

이 장 후반부에 효과적인 소개 마케팅의 사례를 제시할 것이다.

다시 한 번 강조하지만, 우리는 상위 20명의 고객에 대한 서비스 및 그들과의 관계를 개선하고 여기에 집중할 필요가 있다. 그들이 우리에게 더욱 뛰어난 가망고객들을 소개해줄 것이기 때문이다. 다른 사람들한테는 소개받을 필요가 없다. 이 단계에서 몇몇 독자들은 "난 이렇게 하는 걸 받아들일 수 없는데" 라고 생각하고 있으리라 예상한다. 우리가 방금 살펴본 수치들을 생각해보아라. 사실, 이 방법을 거부하기 어렵다는 걸 인정해야 한다. 다음 사례에서 이를 증명하고자 한다.

이제 우리는 500명의 유용한 고객 리스트를 보유하고, 모든 고객에게 적절한 수준의 서비스를 제공하며, 가망고객 발굴을 위해 여러가지 방법을 시도하고 있는 전형적인 어드바이저의 사례를 살펴볼 것이다. 이 어드바이저는, 확신하건대 대부분의 독자들처럼, 제 시간에 나타나고 업무 지식도 충분하며, 고객과의 관계도 아주 좋다.

이 어드바이저는 일주일에 2건씩 한달에 8건의 소개를 받으며, 이 소개들은 고객의 전화, 고객확보를 위한 사회 활동, 주기적인 메일링을 통해 확보했다. 그는 한달에 한번 열리는 세미나에서 8명의 전화번호를 받는다. 매달 수집한 16개의 이름으로 미팅을 진행하면, 대부분은 괜찮으나 '시간 낭비하게 하는 사람'도 많으며, 큰 거래를 체결하는 운도 자주 있는 편이다. 평균으로 보면 소개받은 사람 중 75% 와 전화번호만 받은 사람의 50% 가 고객이 된다. 즉 매달 10명 또는 연간 120명의 신규고객이 생긴다고 볼 수 있다.

평균 거래 규모는 600파운드이며, 연간 실적은 72,000 파운드이다. 어드바이저들이 통제할 수 없는 상황이 발생할 경우를 감안해 10% 정도 감소를 허용한다 하더라도 상당한 수입이지만, 이는 수많은 힘든 일과 큰 계약, 그리고 엄청난 서류작업을 해야 한다는 걸 뜻한다. 간단히 말해, 엄청난 노력 말이다.

이제 우리는 이 어드바이저가 상위 20명에게 집중할 때 생기는 일에 대해 알아볼 것이다. 평균 거래 금액은 자연스럽게 1,200파운드로 늘어난다. 그는 고객 상위 20 명의 리스트를 만들고 그들로부터 소개받을 사람들을 위해 60 개의 칸을 만들어 둔다. 그는 차례로 고객들에게 전화를 걸면서 그들 개개인이 본인에게 가장 소중한 고객임을 설명한다. 이제부터 이 20명에게는 사실 이제부터 전보다 더 높은 수준의 서비스를 제공하려고 하는데 서비스 수준이 높아지면 마케팅 할 시간이 줄어들지만, 고객들이 이 부분을 도와줄 수 있을 것 같다고 말한다. "고객님께서 도와주신다면 정말 감사하겠습니다. 혹시 제 고객으로 적합한 사람 세 명만 추천해주실 수 있을까요. 그 분들의 재정 상황은 모르시겠지만, 상위 20위안에 드는 고객님 같은 사람 세 분 정도는 확실히 알고 계실 것 같아요. 가족과 사업에 신경을 쓰고, 의사결정권이 있으며 경제적 잠재력이 큰 사람 말이죠." 이전처럼 여러분은 사업자나 특정 지역 등 자신만의 기준을 만들고 싶을 것이다. 이 같은 접근방식의 좋은 점은 시간이 흐를수록 여러분이 소개받은 사람들이 다시 소개를 해주고, 이 과정이 자연스럽게 발전해 나가면서 점점 수월해진다는 점이다.

최악의 악몽이 현실이 된다면 어떻게 될까? 여러분이 접촉한 상위 20명의 고객 중에 여러분의 요청을 끔찍스러워하며 그 자리에서 여러분과는 다시는 거래하지 않겠다고 하는 사람이 있다면? 세상에, 이런 일은 최악의 상황이다. 여러분의 요청에 너무 화가 나서 여러분과 다시는 거래를 하지 않겠다고 한 사람이 세 명 있다고 상상해보자. 당황해 할 필요 없다! 남은 17명 중 8명은 3명을 소개해 줄 것이다. 다른 8명은 소개해 줄 이름을 생각만 할 것이고, 남은 한 명은 도움을 줄 수 있다는 데 기뻐하며 5명을 소개시켜 줄 것이다. 이제 우리는 37명의 훌륭한 가망고객을 얻었다.

거래 성공률은 변하지 않는다고 가정하자(가망고객이 뛰어나다면 성공률이 상승할 것이다). 평균 거래 규모도 고정되어 있다고 가정할 것이다(가망고객이 뛰어나다면 이 수치도 상승할 것이다). 가망고객 중 75% (27명) 과 1,200파운드짜리 거래를 체결한다고 하면 32,400파운드의 실적을 올리게 된다. 아무리 좋은 거래라고 하더라도 가망고객이 진짜 고객이 되는데 시간이 걸리지 않는다고 생각할 만큼 순진하지는 않다. 그러므로 두 달에 한번씩 이렇게 거래가 이루어진다고 가정하자 (비지니스가 너무 빨리 커지는 걸 원하지 않으니까. 아닌가?!) 일년이면 194,400 파운드가 된다. 이들은 훌륭한 가망고객이므로 통제 불가능한 상황으로 인한 감소치를 5% 정도로 볼 수 있다. 이 경우 연간 수입은 185,000 파운드이다. 내 말은 똑똑하게 일하라는 거지 더 열심히 일하라는 게 아니다! 명심하자, 상위 20명의 고객은 계속 바뀐다. 다음 번에 마케팅을 하고 나면 새로운 이름이 목록에 등장할 것이다. 이렇게 고객의 전반적인 퀄리티가 상승할 수 있다!

지금까지, 고객들은 개선된 서비스를 받았고 우리는 비지니스를 확장했으며 좀 더 영리하게 일하게 되었다. 소개를 해주는 고객에게 '감사합니다' 라는 마법의 단어를 얘기하는 것을 잊어서는 안된다! 앞서 고객 확보에 드는 비용을 계산하는 법에 대해 설명한 바 있는데, '더 많이 벌기 위한 과감한 투자'를 할 수 있도록 잘 짜여진 마케팅 예산을 비즈니스에 적용 할 수 있다는 뜻이다!

여러분이 실무에 도입하고 실천해야 할 소개받기 아이디어 네 가지를 얘기하려 한다. 고객의 소개에 대해 감사를 표하는 방법 뿐 아니라, 기업 시장에 뛰어드는 방법, 비즈니스용 정장을 저렴하게 구하는 방법, 그리고 매주 아내를 미소 짓게 만드는 법을 알려주려고 한다.

1. '감사의 날'

스포츠 경기나 영화관, 레스토랑이 될 수도 있다... 나는 열기구 여행에 사람들을 데려가기도 했다. - 할 수 있는 것은 무궁무진하다! 의료계 종사자들인 고객들에게는 특별히 골프를 주선하기도 했다. 초대받은 고객들은 한 명씩 동반자를 데리고 올 수 있었다. 우리는 그룹별로 전문 강사에게 골프 레슨을 받았고 그는 코스를 돌면서 골프 팁을 알려주었다. 밤에는 유명한 '19번째 홀'에서 코메디언의 공연이 펼쳐졌다. 모두들 즐거운 하루를 보냈고, 수많은 손님들은 모두 고객이 되었다.

2. 선물을 주어라

고객을 잘 알고 있다면 그들의 취미와 관심사도 알고 있을 것이다. 고객들의 취미나 관심사에 관련된 전문 잡지 구독권을 보내주는 건 어떨까. 최소의 비용으로 고객들이 1년에 12번 여러분을 생각하게 만들 수 있다.

3. 'The Three Letter 접근법' – 편지 세통이 아니라, 요.청.하라. (A.S.K!)

새로운 고객을 찾는 데 시간을 쓸수록 기존 고객들의 일을 처리할 시간이 줄어든다는 사실을 고객들에게 설명해주어라. 그러면 "저랑 얘기할 수 있을 만한 분 세명만 추천해주시면 도움이 될 것 같아요. 믿을 만하고, 사업가 기질도 있으면서 의사결정권도 있으신 분요. 고객님처럼요"라고 말할 수 있다. 종종, 이름을 알려주기 전 마음속으로 소개받은 사람이 동의없이 자기 정보를 주었다는 점에 대해 화를 내거나 걱정할 것을 염려하는 사람들이 있다. 그래서 나는 이 말도 덧붙인다. "그런데 전 어느 누구에게도 예외 없는 원칙을 가지고 있습니다. 고객님이라고 할지라도요! 고객님이 먼저 그분들께 말씀해주시기 전까지 제가 연락할 방법은 없을 거에요. 괜찮으신가요?"

4. '사후 서면 발송' – 우편으로 소개받기

영국에는 판매 이후에 그 판매에 대한 근거를 설명하는 우편을 반드시 보내야 한다. 여러분이 일하고 있는 나라에 이런 법이 없다면, 이렇게 한번 해 보기를 권한다. 언젠가는 의무가 될 가능성이 높기도 하고, 좋은 업무 관행이기 때문이다. 나는 이 일을 귀찮은 일이라고 생각하는 대신, 소개를 더 받을 수 있는 방법이라고 보고 있다.

사후 서면에, "저희 비지니스는 개인 소개를 통해서만 영위됨을 유념해주시기 바랍니다. 귀하께서 저희의 고객으로 적합하다고 생각되는 분의 정보를 제공함으로써 저희를 도와 주시면, 귀하가 기대하시는, 그리고 받으셔야 하는 높은 수준의 서비스를 저희가 제공해 드리는데 큰 도움이 될 것입니다. 귀하의 협조에 무한한 감사를 드립니다." 라는 '추신'을 추가한다.

유의사항: 내가 설명한 이 개념들을 실행하기 전에, 고객에게 선물하는 것과 관련된 여러분 나라의 보험법, 세법, 혹은 다른 규제사항을 확인하기 바란다.

소개라는 개념이 어떻게 보일까? 상위 20명의 고객 관점에서 보면, 그들은 훌륭한 서비스를 받게 되고, 믿을 만한 어드바이저와 관계를 형성하고, 존중과 감사를 받는 것이라 생각할 것이다. 우리 관점에서는, 특별한 가치를 제공하고, 적절하게 보상을 받으며, 좀 더 똑똑하게 일함으로써 비지니스가 커 나간다는 것을 의미한다.

여러분은 상위 20명의 고객의 명단을 작성하기 위해 제3장의 기회의 그물과 소개 아이디어를 이용할 수 있으며 모든 칸을 붉은 색으로 칠할 때까지 열심히 해야 한다.

요약하자면, 고객 확보에 많은 시간과 돈이 소요되는 옛날 방식에서 양질의 소개에 기반하여 자가 발전하는 비즈니스로 관행을 바꾸는데 3개월에서 9개월이 걸린다.

이렇게 하기 위해서 우리는 다음을 실천해야 한다:

1. 고객의 신뢰를 얻어라;

2. 상위 20명의 고객에게 특별한 서비스를 제공해라;

3. 목표 설정을 소개에 접목시켜라;

4. 마케팅 전략을 시행해라;

5. '감사합니다'와 '부탁합니다'를 잊지 말도록!

6.6 파란색 – 소개받지 않고 고객 찾기

소개를 해줄 수 있을 만큼 퀄리티 있는 고객을 가지고 있지 않은 사람들을 위해, 효과가 입증된 고객 확보 방법 몇 가지와 해서는 안되는 방법 몇 가지를 간단히 알려주도록 하겠다. 성공적인 고객 찾기의 비결을 한문장으로 요약한다면, '호의적인 환경에서 사람들을 만나기'라고 할 수 있다.

1. 목표 시장 설정하기

첫번째 단계는 목표 시장을 설정하는 것이다. 여러분이 고객으로 원하는 사람이 정확히 누구이며, 누가 고객이 될 수 있으리라 생각하는가? "누군가가 믿는 것을 알고 싶다면, 그의 눈을 꿰뚫어 보아야 한다"라는 속담은 사실이다. 여러분이 목표로 하는 고객층이 원하는 것은 무엇일까? 그들은 어디에서 살고 어디에서 일하고 있는가? 그들은 어떤 책을 읽는가?

그들의 근심거리와 걱정거리는 무엇인가? 이 질문들에 대한 답을 얻고 난 후에만 그들에게 연락을 시작해라. 예를 들어, 의사들을 목표로 한다면, 의사들이 금융 계획을 통해 얻고자 하는 것에 익숙해져야 한다. 그들이 얻는 혜택이 무엇이며, 그들에게 전화할 최적의 시간은 언제이며, 그들이 몇 세쯤 은퇴하는지 등등이다.

사업자를 목표시장으로 삼는다면, 우리는 지역 상공회의소에 가입하거나 회계법인과 합작회사를 설립해야 한다. 다시 말해, 사업가들이 하는 일을 해보고, 그들이 가는 곳에 가고, 그들이 말하는 것처럼 말해라.

목표 시장을 설정하고 여러분이 직면한 어려움과 이 문제를 풀 수 있는 해결책을 알게 되었다면, 이들에게 접촉하는 방법을 결정해야 한다.

다음은 우리가 고려해야 하는 질문들이다:

• 전화를 걸까? 소셜 미디어를 이용할까? 이메일? 아니면 다른 방법이 좋을까?

• 직접 할까 아니면 외부 전문가에게 돈을 내고 맡길까?

• 전화를 한 후에 이메일이나 전자적인 방법으로 사후 관리를 할까 아니면 소셜미디어로 할까?

• 여러분이 선택한 홍보 방법의 비용 및 성공률은 어떻게 되는가?

소셜미디어와 인터넷은 홍보비용이 거의 들지 않지만 성공률 또한 낮다.

일을 진척시키기 전 이런 사항들을 아는 것 뿐만 아니라, 결과 모니터링 역시 중요하다. 그래야만 홍보가 성공했는지 여부를 알 수 있다. 소개 외의 마케팅 수단으로 고객을 발굴하고자 한다면 채용과 마찬가지로 마케팅 전문가를 고용하는 것을 적극 추천한다. 마케팅이 적절하게 이루어지기만 한다면, 초기 비용이 좀 들더라도 바로 이익이 남을 것이다. 이 방법이 힘들다면, 세미나에 참석하거나 다이렉트 메일처럼 여러분이 선택한 마케팅 분야에 대한 책을 읽어 보길 바란다.

2. 해서는 안될 것

인쇄광고나 온라인 광고, 혹은 금융박람회 부스 등에서 마케팅 하는 것은 주의해라. 이는 대부분의 어드바이저들에게 있어 수익성을 입증하기 매우 힘든 방법들이다. 이를 확인하고 싶다면 주요 금융 신문이나 웹사이트에 실린 광고를 한번 보자. 이들은 대부분 다이렉트 상품이나 그다지 좋지 않은 상품들이며, 대면 미팅을 주로 하는 우리들은 이 두 가지 모두 관심을 두어서는 안된다. 우리보다 자금이 많고 비용절감 전쟁에서 쉽게 이길 수 있는 거대 보험사들과 경쟁하려고 해서는 안된다. 우리는 소위 '상품의 상품화'에 사로잡혀 있다. 단순히 더 많이 팔고 더 저렴한 상품으로 경쟁하려 한다. 이런 건 회사 이름에 '다이렉트'나 '온라인'이 들어간 회사들에게 맡겨 두고 우리는 품질에 집중하자. 덧붙이면, 여러분이 신문에 낼 수 있는 '작은 광고'에 대한 규제 사항도 영향을 미친다. '여러분'이 돈을 지불한 광고지면이 '규제기관의' 검열 예제로 이용되고 있다. 이는 고객 보호라는 명목 하에 행해지지만, 어떻게 이름만 대면 알 만한 유명한 기업들이 형편없는 상품을 마음대로 판매하는 것을 허용하고 있는지 궁금할 뿐이다. 여러분은 타블로이드 신문 배달부를 통해 직접 배달되는, 무료 자명종 시계, 여행용 가방, 가게 쿠폰 같은 걸 끼워주는 상품을 알 것이다! 만약 어드바이저가 보험료도 비싸고, 추후에 환불이나 변경도 어려운 상품을 저소득층 고객에게 권유하였다면, 그 어드바이저는 이것이 컴플라이언스를 통과하기 어려울 것이란 걸 대략 알아챌 것이다. 그러나 저런 대형회사들은 버젓히 그런 행위들을 하고도 멀쩡하다. 나는 이게 대형회사들과 은행들만 상품을 판매하게 해주는 정부의 음모가 아닌 가 하는 생각도 가끔한다.

금융 박람회는 끊임없이 공짜 점심을 찾아다니는 '윈도우쇼퍼'들이 참석하는 것으로 악명높다. 들인 비용과 시간이 결과를 항상 정당화해주는 건 아니다.

인쇄 광고와 금융박람회 전시 부스에서 성공 스토리가 나온다는 걸 나도 알고 있다. 하지만 나는 성공 스토리는 원칙보다는 예외에서 많이 나온다고 생각한다. 광고 공간 판매자들과 전시 기획자들은 동의하지 않겠지만 말이다.

3. 세미나

소개로 고객을 확보하는 방법 외에 고객을 찾는 가장 효과적인 방법 중 하나는 세미나를 여는 것이다(부록 A-3 참고). 고객을 찾는 다른 방법들처럼, 이 경우도 먼저 목표 시장을 정한다. 예를 들어, 투자 자금이나 사업 자금이 있는 은퇴자들을 목표 시장으로 삼을 것인가? 그런 다음 여러분이 선택한 시장에 대한 세미나 주제를 정해라. 초대받은 사람들부터 그날 우연히 들린 사람에 이르기까지 포괄적인 데이터를 축적해라. 그런 다음 약속 건수와 그 이후 성사된 거래 건수를 기록해라. 세미나 비용이 얼마였고 얼마를 벌었는지, 이런 재무정보를 분석해야 하는 것을 잊지 말아라. 세미나가 끝날 때마다 데이터를 기록하고, 한 번 큰 돈을 들여 준비한 특별이벤트나 버스 한 대를 빌려서 타고 온 예상치 못한 사람들로 인한 '데이터의 왜곡'을 피하기 위해, 평균 수치를 계산해라! 세미나를 한 번만 진행해서는 안된다. 일년 이상 과정이나 여러 해에 걸쳐 진행되는 전체적인 프로그램이 되어야 한다. 컨텐츠는 같을 수도 있지만, 주제가 되는 아이템은 새롭게 바뀔 수도 있다. 하지만 정해진 세미나 날짜가 모든 사람들에게 편한 시간은 아니라는 게 현실이다. 세미나를 정기적으로 실시하면, 첫째 날 참석할 수 없었던 사람들이 아마 두번째나 세번째에 참석할 수 있을 것이다. 그리고 참석한 후에 친구나 동료들에게 추천할 수도 있다. 같은 이유에서, 아침, 낮, 저녁 같이 하루에 한 번 이상 실시하는 것을 목표로 해라.

가망고객에게 처음으로 했던 프리젠테이션을 기억하기 바란다. 되돌아보면, 아마 그렇게 훌륭하지는 않았을 것이다! 하지만 여러 해 반복하면서 자신감이 붙었을테고 지금은 눈감고도 할 수 있게 되었을 것이다. 세미나 역시 마찬가지다. 첫 날에 기적을 기대하지 말고 꾸준히 계속해라. 시작하기 전에, 여러분의 비즈니스 플랜에 따라 하루에 몇 개의 세미나를 할 건지, 그리고 일년에 몇 개를 할 건지, 그리고 예산을 결정해야 한다.

다음은 여러분이 세미나를 성공적으로 개최하기 위한 팁들이다:

• 늦게 오는 사람들 때문에 방해받는 일을 최소화할 수 있도록 5분 늦게 시작하는 것이 좋다;

• 큰 행사와 겹치는 날짜는 피해야 한다(유명인의 결혼, 스포츠 결승전, 공휴일);

• 세미나 장소는 주차 요원이 충분히 많아야 하며 참석자들이 오는데 20분이 넘게 걸리지 않는곳 이어야 한다;

• 예상 참석인원을 25명으로 생각해야 한다;

• 실제 참석 인원과 예상 참석인원의 차이가 클 경우를 대비해서 공간을 조절할 수 있는 ('좁게' 만들거나 '넓힐' 수 있는) 세미나실을 선택해야 한다;

• 에어컨이 있는 장소를 택해야 한다;

• 술을 제공해서는 안된다;

• 인상을 남길 수 있는 옷을 입는다;

• 앞자리부터 참석자들이 채워지도록 안내하는 것이 좋다

경험으로 볼 때, 세미나를 준비할 때 힘든 부분은 세미나 당일이 아닌 세미나실에 충분한 사람들을 모으기 위한 초반 업무일 가능성이 크다. 나는 알찬 교육훈련 세미나를 열면서 다이렉트 메일을 보내고 텔레마케팅 사후 연락도 하는 어드바이저들을 알고 있다. 그들은 이걸 직접 다 함으로써, 감독도 하고 비용도 낮추고 있다.

우리 회사에서는 이를 아웃소싱하기로 했고, 모든 과정을 감독해주는 텔레마케팅 회사와 계약했다. 비용은 좀 들지만, 참석자 수를 보장해주고 '최소한의 퀄리티'도 보장된다. 만약 참석자가 공짜 샌드위치나 얻어먹기 위해 참석하였다면, 그들이 그런 참석자들에 대해서는 내게 비용을 청구하지 않을 것이기 때문이다.

일반적으로, 세미나의 목적은 세미나 이후 전화해서 만나는 것이 되어야 하며, 참석자들이 대면 미팅을 갖고 싶어하도록 만들어야 한다. 세미나는 두 가지

목적을 충족해야 한다. 첫번째, 참가자들에게 문제가 있다는 것을 알리고, 두번째, 그 문제를 해결할 수 있는 사람이 여러분이라는 것을 알게 하는 것이다.

4. 네트워킹과 전문적인 소개자

네트워킹이라 함은, 유해한 피라미드 형태의 조직을 의미하는 것이 아닌, 여러분이 다른 사람들이나 조직과 상생할 수 있는 유익한 관계를 많이 만드는 것을 말한다. 간단하면서도 일대일 기준으로, 가장 있기 있는 네트워킹 형태는 전문직 소개자들이다. 일반적으로 어드바이저들에게 적합한 비즈니스 소개자들은 회계사나 변호사이다. 전문성이 점점 기준이 되면서, 주택담보 전문가와 법률 제휴하는 부동산 전문가 및 기업 보험 전문가와 연계된 기업 변호사처럼 두 분야에서 여러 관계를 맺고자 하는 수요가 있을 수 있다.

이 두 가지가 제일 먼저 머리 속에 떠오르지만, 조금만 생각하면 다른 사례들을 금방 생각해 낼 수 있다. 부동산 에이전트, 일반 보험 브로커, 경영 컨설턴트 같은 다른 사례들이 있다. 이들은 특정 업무를 금융 서비스 전문가에게 아웃소싱 해야 할 필요성을 느끼고 있을 것이다.

네트워킹에서는, 상황이 한쪽으로 치우쳐서는 안되고, 성공하기 위해서 윈-윈해야 한다. 기본적으로, 어드바이저는 비즈니스를 소개해준데 대한 감사의 표시로 소개자에게 보수의 일부를 지급할 수도 있지만 일부 직업군에서는 이게 윤리적으로 문제가 될 수도 있다. 양쪽 다 무난하게 수용할 수 있는 방법은 상대방에게 고객을 소개시켜 주는 것이다. 예를 들어 여러분의 주택담보 분야 고객에게 부동산 전문 변호사를 소개하고, 세금 환급을 받아야 하는 고객들에게 회계사를 소개하는 식이다. 내가 늘 하고 있는 방법이며, 서로 소개해주는 사이에 금전적인 거래나 보상을 대체할 수 있는 방법이다.

상기 제휴가 실제로 효과가 있음을 깨닫고 추천을 원하는 이들을 돕기 위해 제휴를 맺은 조직들이 많다. 이들은 주로 아침 식사 미팅이나 비즈니스 런치 형태의 미팅을 한다.

여러분 만의 전문직 소개자 그룹과 제휴하는 것은 여러분이 가야 할 길 중 가장 매력적이지만, 여러분이 어떤 기준으로 일을 할 것인지 관련자 모두가 알고 있어야 한다. 대가를 지불하는 것인지? 그렇다면 얼마를 지불하는지? 추천은 어떻게 처리되는지, 관계가 한쪽으로 치우치면 어떻게 되는지 등.

전문적인 네트워킹 회사는 이러한 질문에 대한 해답을 줄 수 있지만, 고정 비용이 높을 뿐더러, 미팅 시마다 일정 수의 사람을 소개시켜 준다고 장담하는 업체들을 주의해야 한다. 이는 기분을 상하게 할 뿐더러 단순히 할당량을 채우기 위한 수준 이하의 소개로 이어질 수 있기 때문이다.

윤리적인 네트워킹을 원한다면, 여러분 지역의 상공회의소에서부터 시작하라고 조언하고 싶다. 자신들의 비즈니스를 제고하고 더 발전시킬 기회를 찾는 여러 비지니스 종사자들(우리가 존재하는 이유인)과의 미팅과 네트워킹 행사가 있을 것이다. 여러분이 장기적인 관점에서 다른 사람들을 돕겠다고 접근한다면, 여러분은 성공할 것이다. 여러분은 대화상대에게 순수한 관심을 가져야 한다. 대화를 시작하기에 좋은 질문은 "사업을 어떻게 시작하게 되셨나요" 이다. 대화를 시작하기 위한 물꼬를 틀 준비를 해야 한다. 우리 모두는 자기 비즈니스와 자신에 대해 이야기하는 것을 매우 좋아하며, 본인들의 이야기를 들어줄 사람들을 상대로 말하고 싶어하는 사람들로 가득 차 있는 공간은 매우 유용한 곳이다!

이런 네트워킹에 대해, 만약 여러분이 지금 당장 비즈니스를 시작할 수 있는, 혹은 아니다 싶으며 빨리 가망고객리스트에서 삭제할 수 있는 낯선 사람들로 가득한 모임장소로만 생각한다면, 여러분은 반드시 실패할 것이다. 진실되고, 신뢰가 가며, 그 분야에 정통하다는 뛰어난 평판을 쌓아야 한다. 그러면 소개는 자연스럽게 이어질 것이다.

5. 뉴스레터

제 6.5장 소개 편에서, 양질의 소개를 얻기 위해 고객에게 뉴스레터를 보내는 것보다 여러분이 가진 자원을 활용하는 것이 좋다는 것을 보여주었다. 모든 고객에게 뉴스레터를 보내면 모든 고객으로부터 소개를 받을 수 있을지 모르나, 최고의 고객에게서 소개를 받는 것을 목표로 해야 한다. 이 점을 제외하고는, 뉴스레터는 사람들에게 여러분의 이름을 각인시키는 훌륭한 방법이 될 수 있다. 뉴스레터를 작성하는 것은 기술을 요하는 일이며, 이 일을 생계로 하는 사람들에게 맡기는 것이 가장 좋다. 전문적인 어드바이저이자 아마추어 작가인 나조차 출판물이나 글에 오탈자가 없는지 확인하는 데 굉장히 오래 걸리고, 몇 번이나 글을 감수해도 출판과정에서 인쇄상 작은 오류가 가끔씩 발생한다! 모든 규제 관련 문제들까지 추가한다면 이 일을 아웃소싱해야겠다는 생각이 들 것이다. 여러분을 위해 매달 혹은 분기별로 뉴스레터를 제공해 주는 회사들이 많다. 이 회사들은 모든 콘텐츠를 창작하며 콘텐츠의 적법성을 확인하고 여러분이 제공한 세부사항들을 표지에 입혀서 마치 여러분만의 뉴스레터라는 인상을 줄 수 있게 제작해준다. 흑백 한 장에 몇 펜스짜리부터 몇 파운드의 여러 장짜리 풀컬러 매거진까지 다양하다. 뉴스레터 예산을 비즈니스 플랜에 추가할 때 봉투와 우표값도 포함시켜야 한다는 것도 잊으면 안된다.

요즘에는 전자 뉴스레터가 더 보편화되어 있다. 전자 뉴스레터는 전통적인 인쇄 버전에 비해 상당히 저렴하다는 이점이 있지만 많은 고객들이 전자적 정보의 일시적인 속성을 알고 있기 때문에 수신자들의 눈에는 본질적인 가치가 덜하다고 보일 수 있다. e-뉴스레터를 만들 계획이라면, 개인 맞춤형으로, 그리고 눈길을 사로잡을 수 있는 기술들을 사용해야 한다. e-뉴스레터의 또다른 장점은 상대적으로 저렴하며 웹사이트에 저장해두기 용이하다는 점이다. 결과적으로 고객들은 이러한 정보를 검색할 수 있고, 여러분은 돈을 절약하게 되며, 여러분을 만날 수 있는 시간이 아니더라도 고객들은 본인이 편한 시간에 정보를 얻을 수 있게 된다.

색깔에 대해 복습해보자:

• 붉은색 – 대면 미팅;

• 파란색 – 고객 찾기;

• 녹색 – 개인적인 시간;

• 노란색 – 외근;

• 검정색 – 관리업무.

매일 일과가 끝날 때 5분의 시간을 내서, 각 색깔마다 얼마나 시간을 썼는지, 하루 중 몇 %를 차지하는지 계산해야 한다. 금요일에는 10분의 시간을 내서 일주일 전체 통계를 내고, 4주 마다 30분의 시간을 내서 '월간' 리뷰를 해야 한다. – 우리가 매월 4주씩 일년을 13 '개월'로 나누기로 한 것을 기억하길 바란다.

우리들 대부분이 석세스 플랜 개념을 활용함으로써 12개월 대신 13개월이라는 추가 4주를, 미팅을 다시 짜거나 외근을 하지 않음으로써 추가로 8시간, 그리고 관리업무를 위임하고 10-20 시간을 얻을 수 있어야 한다.

우리가 완벽한 한주라고 부를 수 있는 주를 생각해보자. 나 같은 경우는 다이어그램 7.1 과 같다. 이를 수첩에 먼저 계획해 놓고, 공란에 고객 미팅, 가족과의 시간, 관리업무 처리 등을 기재한다. 이를 고수해라. 고객을 만날 때 고객들에게 주도권을 주지 말아라. 그들에게 예약 가능한 시간을 주고 어떤 시간이 편한지 물어보아라. 이건 여러분의 석세스 플랜이라는 점을 명심해라. 여러분이 책임자이고 여러분 스스로가 성공을 정의한다. 일주일 내내 고객 미팅을 원할 수도 있고 며칠 동안 집중적으로 몰아서 하고 싶을 수도 있다. 우리 업계는 다양한 스타일과 접근방식이 산재되어 있다. 여러분에게 맞는 방법을 찾아라. 1,000,000 파운드를 꿈꾸고 이를 달성하기 위해 일주일에 8일을 일하는 사람들 중에는, 일하는데 거의 시간을 쓰고 싶지 않은 사람과 가능한 한 가족들과 시간을 보내고 싶은 사람이 있고, 둘 다를 하고 싶은 사람들도 있다!

예시에서 회색 시간은 여유시간이다. 우리가 경영과 관련된 문제를 처리할 수도 있고, 교육을 들을 수도 있으며, 개인적인 문제를 처리할 수도 있다. 사실 회색 부분은 어떤 색이든 될 수 있다. 본인만의 계획을 세울 때, 예시보다 회색 부분을 더 많이 만들 수도, 아예 만들지 않을 수도 있다. 중요한 것은 나머지 다른 시간들 전부는 사전에 계획되어야 한다는 것이다.

다이어그램 7.2를 보자. 이것은 석세스 플랜의 핵심인 일일 목표 시스템이다. 이는 진행 중인 영업 활동에 대한 기록을 보여주며, 이 기록을 제대로 완성한다면 성공을 보장해줄 것이다. 이 시스템은 또한 실패에 안전한 메커니즘을 갖추고 있어서 일이 잘못되면 즉시 해당 영역을 개선하거나 변경할 수 있다. 한 편으로는 우리가 특히 잘하는 부분을 찾아내고, 그 부분에 대한 강점을 더 강화할 수도 있다

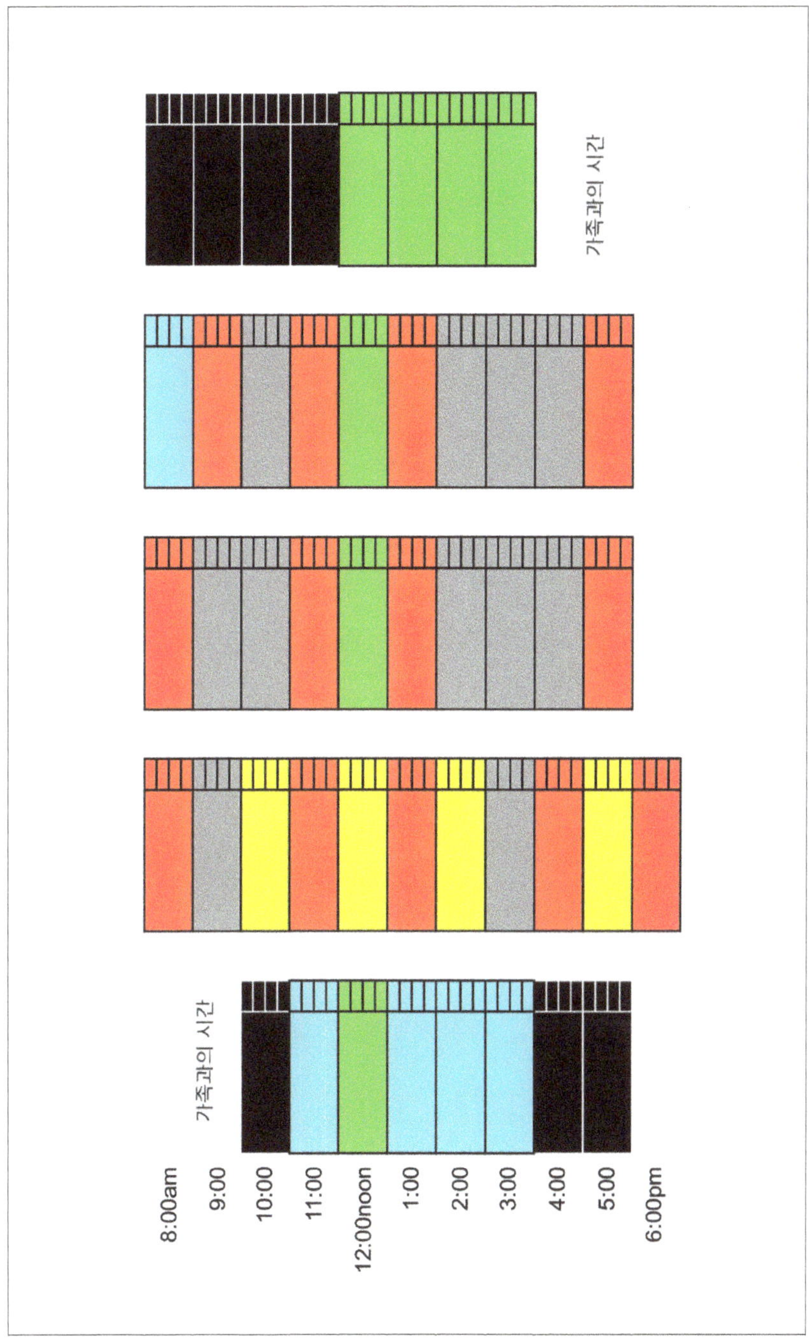

다이어그램 7.1- 이상적인 일주일

이 시스템은 어떻게 작동할까? 매일 성공적으로 일하고 목표를 달성하기 위해서 우리가 해야 할 몇 가지 일들이 있다.

내가 처음 MDRT 연차총회에 참가했을 때, "성공이나 위대함은 전화 한통, 약속 한번, 제안 한번 같은 작은 숫자들의 문제다."라는 말을 들었다.(부록A-8 참고)

이는 기본적인 것이며 내가 제2장에서 말한 것처럼 우리가 이 업계에 발을

다이어그램 7.2-일일 포인트 시스템

들여놓은 첫날에 이미 배운 것이다. 그렇지만 나는 이를 다시 기록으로 남기려 한다.

이것은 '세일즈써클'라고 불린다.

세일즈써클에 대해 생각하면 "당신은 정말 좋은 판매 아이디어가 있는데도 그 아이디어 활용을 중단한 적이 있습니까?"라는 질문이 떠오른다. 바로 이것이다. 간단한 문제다. 우리 모두는 그 아이디어를 이용했었지만 어느 정도 성공했다고 생각이 드는 순간 세일즈써클에 대해 잊게 된다.

비즈니스의 모든 것은 전화를 집어 드는 데서 시작한다. 소개일 수도 있고, 광고이거나, 혹은 전화를 해야 하는 다른 일일 수도 있다. 심지어 전자 커뮤니케이션 시대인 오늘날에도, 연락이 이루어지면, 어떤 형태로든 음성 연락이 뒤따른다. 그리고 나서 가망고객과 이야기해야 하고, 미팅 약속을 정해야 한다. 우리는 실제로 미팅을 수행하고 판매를 해야 한다. 마지막으로 소개를 부탁해야 하고, 그래야

세일즈써클을 다시 시작할 수 있다.

세일즈써클은 우리의 커리어를 만들어 나가는 데 필요한 아주 간단한 일이며, 신입부터 25년 경력의 어드바이저에 이르기까지 모두가 해야하는 일이다. 기술이 연락 방식을 어떻게 바꿨든 간에, 세일즈써클의 개념은 여전히 유효하다. 만일 세일즈써클의 각 단계를 실행하지 않고 주변을 계속 맴돌기만 한다면, 수입은 쪼그라들 것이다.

세일즈써클의 각 단계는 '기회의 표'에 적용할 수 있으며 단계마다 일정 포인트의 가치를 가지고 있다. 더 어려운 일일수록 완수했을 때 더 많은 포인트가 쌓인다. 성공을 보장하기 위해, 우리는 날마다 많은 포인트를 쌓아야 한다.

포인트는 다음에 따라 부여된다:

1 포인트 – 상대방과 통화가 됐는지 관계없이 매번 전화를 할 때마다

2포인트 – 고객이나 가망고객과 얘기할 때마다

3포인트 – 미팅 약속을 잡을 때 마다

4포인트 – 고객이나 가망고객과 미팅을 할 때마다

5포인트 – 판매가 이루어지거나 소개를 받을 때마다

석세스 플랜의 마법의 숫자는 74 다. 다른 말로 하면, 성공하기 위해서는 매일 74 포인트가 필요하다는 뜻이다.

성공을 보장받고 싶다면, 하루에 74포인트가 필요하다.

이유는 모르겠지만 그냥 그렇다! 나는 50 포인트를 얻으려고 노력했으나 충분하지 않았고, 100포인트는 너무 많았다. 다음의 방법대로 포인트 쌓기를 제안한다.

판매시마다 5포인트;

소개를 받을 때마다 5포인트;

미팅 세번 마다 12포인트;

네번째 미팅 약속을 정할 때 12포인트; 10명과 얘기했을 때 20 포인트;

전화 20통 마다 20포인트.

물론 74포인트를 만들 수 있는 조합은 엄청나게 많다. 그러나, 우리가 74포인트를 쌓으면, 74포인트는 그 만큼의 가치를 할 것이다.

이 모든 것은 세일즈써클의 첫 부분에서 시작한다. 가망고객이 한 명도 없다면 전화번호부를 펼치거나 명단을 사서 전화를 걸기 시작해야 할 것이다. 74포인트를 쌓으려면 50통의 전화를 해야 하지만, 그렇게 하다가는 금방 퇴근 시간이 된다. 전화하는데 익숙해지게 되면, 우리는 사람들과 얘기하기 위해 그만큼 많은 전화를 하지 않아도 될 것이고, 포인트는 더 빠르게 쌓여갈 것이다. 마침 우리의 전화가 필요했던 사람과 한번 얘기하기 시작하면, 약속을 잡기는 더 수월해진다.

업무 제대로 수행할 때 마다 체크박스에 체크해서 기록하라. 목표를 초과할 경우 이를 기록할 수 있도록 각 열 맨 아래에 여유 공간도 있다.

만약, 우리가 우리의 도움을 필요로 하는 사람을 찾아내고, 그들에게 올바른 솔루션을 제공할 수 있다면, 대부분의 미팅이 성사될 것이다. 대부분의 독자들이 가망고객 앞에서 해야 할 말이 무엇인지 알 것이라 생각한다(그렇지 않다면, 여러분의 회사 안에 있는 어드바이저나 에이전트 중에서 여러분이 존경하는 사람들에게 자문을 구하거나, 지역 세미나 혹은 MDRT 연차총회에 참석해서 만나는 아무나 붙잡고 물어보도록 해라). 그리고 이런 활동들은 계약체결과 높은 포인트로 환산된다. 계약체결을 통해 가망고객은 다른 사람에게 우리를 추천하는데 있어 우리와 같은 편이 되고, 그렇게 되면 이 과정은 반복된다.

내 비즈니스의 대부분은 고객 또는 전문적인 커넥션을 통한 소개로 이루어지고 나는 그런 방식으로 포인트를 쌓는다. 하지만 내가 고객들과 접촉하고, 말하고, 설득력 있는 이유를 제시하여 만나고, 그들의 삶에 가치를 창조하고, 궁극적으로 계약체결을 하지 않는다면, 세일즈써클은 계속 이어지기 어려울 것이다. 매순간 나는 아직 더 많은 소개를 확보해야 한다.

위에서 제시한 조합이 하루에 5.5 시간을 넘어서는 안 된다:

30분 간 전화걸기;

10명의 사람들과 1시간 통화;

2명을 만나는데 4시간;

하루의 나머지 시간은 개인적인 용무, 관리업무 등을 위해 남겨놓기

일일스케쥴과 시간 분석을 포인트 시스템을 접목하면 종이 한 장에 그 주 하루하루의 성공을 보장하는데 필요한 모든 것을 갖추게 된다. 우리는 책상 앞에 이 종이를 붙여 놓고 우리의 일일 목표를 끊임없이 상기해야 한다.

다이어그램 7.3에는 공란으로 작성된 예시가 있고, 다이어그램 7.4에는 완성된 예시가 있다. 일일 활동을 반영한 열의 가장 아랫줄에서 포인트를 어떻게 쌓는지 알아보자. 각 칸은 약속과 업무에 따라 색이 칠해져 있고, 일과의 가장 하단에는 색깔별로 그 날 쓴 시간의 합계를 쓰게 되어 있다.

우리는 공란인 플래너를 날짜별로 많이 가지고 있어야 한다. 나는 항상 12주

세트를 가지고 있어서 3개월 앞을 내 수첩에 미리 계획할 수 있다. 사용하기 편하도록, 탁상용 사이즈로 확대 복사 해놓자.

내 앞에 있는 컴퓨터 스크린이나 항상 휴대하고 있는 기기나 모바일/휴대폰에 일정표가 있다고 해도, 나는 종이로 된 일정표 시스템을 아직도 고수한다. 와이파이 신호가 잘 잡히지 않거나 컴퓨터에 문제가 생긴다고 해도 나의 목표 달성을 막을 수는 없을 것이다!

첫 미팅의 수, 계약 성공률, 연간 매출 목표 진척도, 진행 중인 평균 계약 규모, 시간당 수수료같이 필수 비즈니스 통계치를 추적할 수 있는 강력한 목표 계획표와 분석 도구가 존재하며, 1페이지 석세스 플랜과 더불어 사용할 수 있다.

수년 간 훌륭한 비즈니스 추적관리 및 분석 시스템이 많이 소개되었고, 모두 나름의 장단점이 있다. 그 중 몇몇은 석세스 플랜보다 관리해야 할 데이터가 적고, 몇몇은 더 많다. 데이터가 많을수록 더 깊이 분석할 수 있지만, 정보의 과잉으로 인해 더 혼란에 빠질 위험도 존재한다! 그렇다고 너무 적은 정보는 도움이 되지 않는다.

나는 재무 서비스에 처음 발을 디딘 사람들에게 미팅 실행, 미팅 취소, 생산성 및 매출 대 미팅 비율을 기록하는 것은 좋은 업무 관행이라고 추천한다. 이는 여러분이 조만간 혹은 나중에 맞닥뜨릴 난관을 감지하는데 도움이 될 것이다.

예를 들어, 미팅을 약속하고 사람들이 미팅이 성사되었으나, 판매로 이어지지 않았다면, 세일즈 기법이나 기타 기술적인 면에서 부족한 것이 없는지 살펴 볼 수 있다. 미팅이 반드시 소개로 이어지지 않는 다는 것도 알게 될 것이다. 세일즈써클은 올바른 방향으로, 순서대로 진행해야 하며 매 단계마다 고리를 완성하기 위해 잠시 멈추어야 한다. 지름길은 없다. 커리어를 시작할 때 본인의 성공율을 아는 것이 중요하다. 미국의 많은 에이전시들이 사용하는 그 유명한 '원카드' 시스템(부록 A-9참고)은 전화 10통이 3번의 미팅을, 3번의 미팅이 한 번의 판매를 이끌어낸다고 추정하고 있다. 따라서 4번의 판매를 성사시키기 위해서는 간단한 산수 계산만으로 40번의 전화통화가 필요하다는 걸 알 수 있다.

일단 전화통화와 프리젠테이션에 익숙해지고 자신감이 붙자 나는 대략 3번 중에 2번(혹은 66%)은 성공한다는 걸 알았다. 3번의 미팅 약속을 잡으면 이 중에 2번 정도가 실제 만남으로 이어질 것이다. 게다가 3번의 미팅 마다 2명은 내 고객이 된다. 2번의 미팅 약속을 정하기 위해서는 5통의 전화를 해야 한다는 성공율을 구축했고, 4건의 계약을 체결하기 위해서는 23번의 전화를 해야 함을 알게 되었다.

세일즈 서클을 막 시작하던 그 시절에는, 목표 달성을 위해 23번 전화를 걸어야 했다. 이제는 4건의 계약을 체결하기 위해 네 다섯통의 전화면 되는 것 같지만, 세일즈써클을 꾸준히 순서대로 실행하지 않았다면 나는 오늘날의 성공확률을 얻을 수 없었을 것이다. 또한 실적과 나의 활동에 대한 꾸준한 추적관리가 없었다면 개선되고 있는지 퇴보하고 있는지 알 도리가 없었을 것이다. 나의 성공확률을 점검하고 거기에 맞추어 나의 활동을 조절한 것이 초창기 나를 앞으로 나아가게 만든 핵심 요인 중 하나다. 이는 내가 나아지고 있다는 증거였고 성공적인 판매의 비율이 올라가는 걸 보면서 내가 일에 재능이 있다는 것도 알 수 있었다.

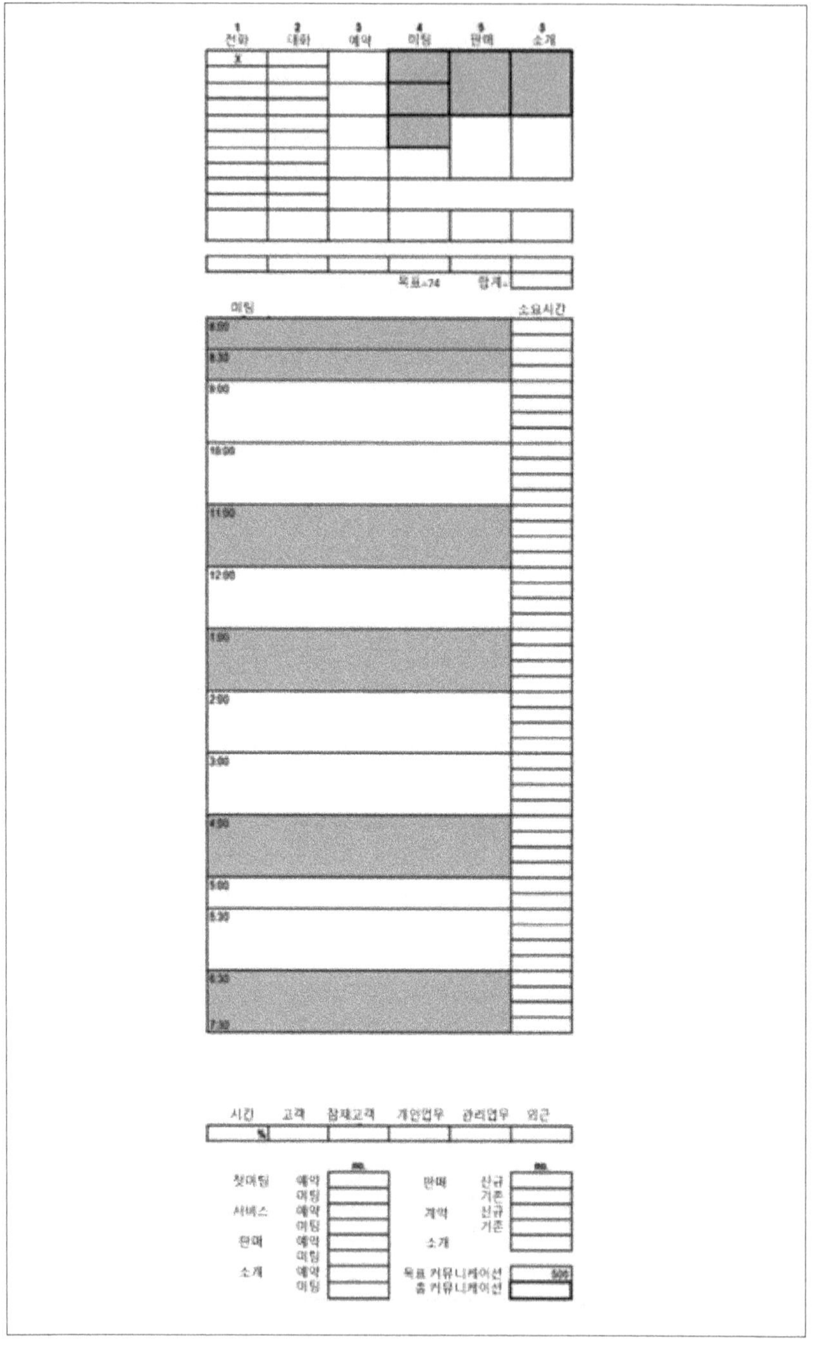

다이어그램 7.3 – 석세스 플래너(공란)

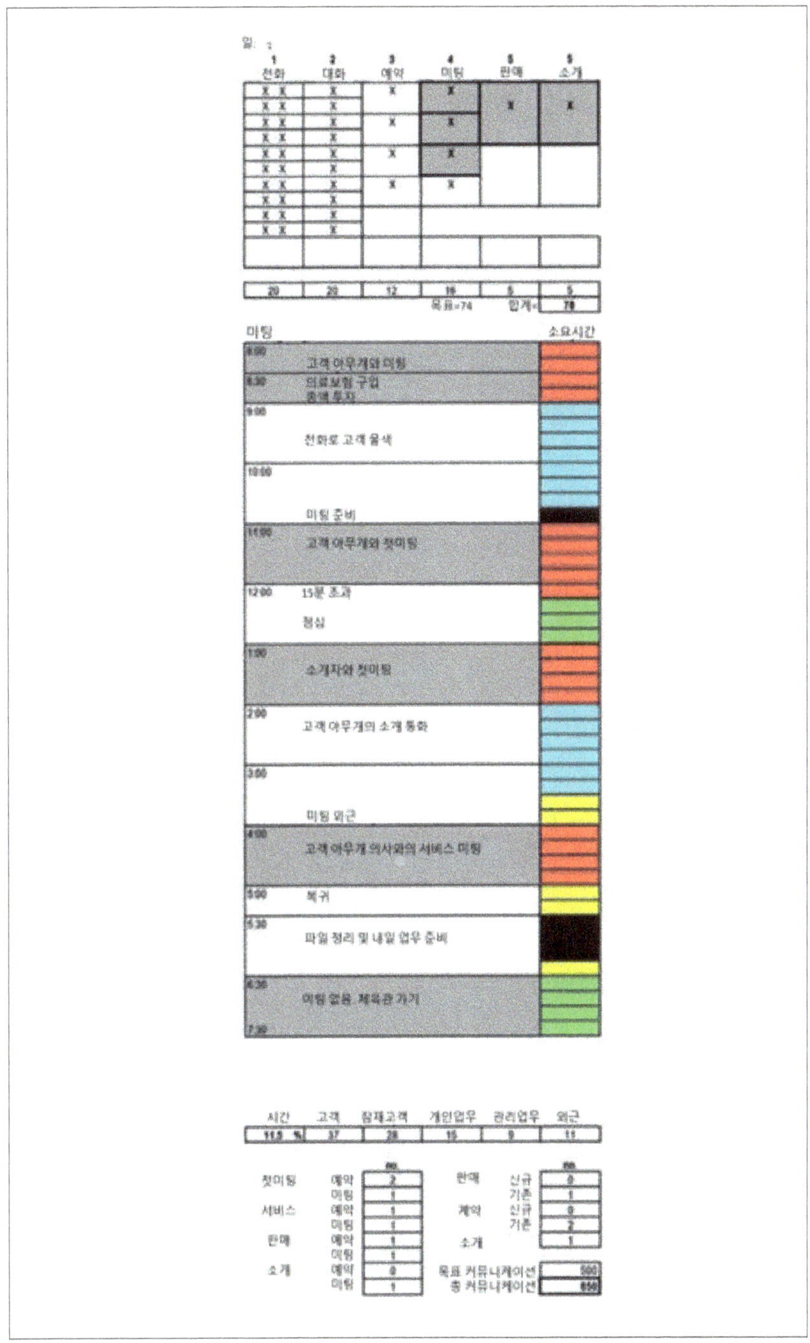

다이어그램 7.4 – 석세스 플래너(기입됨)

경력이 더 많은 어드바이저들에게는 미팅에 나타나지 않는 고객수나 계약을 체결 못한 '클로징 미팅'의 수는 아마 아주 작을 수 있다. 이런 데이터를 아예 무시하려는 것은 아니지만, 아마도 여러분은 그런 미팅의 경우 여러분의 세일즈에 있어서 근본적인 문제가 있기 때문이라고 생각하지는 않을 것이다. 따라서 그런 경우는 굳이 추적관리를 할 필요가 없다. 같은 원칙이 전화에도 적용될 수 있다. 노련한 어드바이저는 거의 모든 전화통화가 미팅으로 이어지는 단계에 도달했을 것이다. 굳이 이런 경우에 소수의 실패한 데이터를 불필요하게 분석하고 추적할 필요가 있을까? 왜 안해도 되는 일을 하는가?

석세스 플래너에서 하루의 기반이 되는 섹션은 여러분의 활동과 생산성을 기록하는 란이다(다이어그램 7.3과 7.4를 다시 보라). 숙련된 어드바이저는 이 섹션에 미팅 개수를 기록하며, 미팅을 다시 초회면담, 상담, 판매, 소개자로 세분화할 것이다. 판매는 신규 고객이든 기존 고객이든 관계없이 계약 건수로 나누어 기록한다. 소개 건 수도 기록하는데, 이는 일일 목표 생산성을 달성하기 위한 그 날의 실제 생산성을 의미하기 때문이다.

또한, 신입 어드바이저는 미팅 예약 건수를 기록해야 하며, 상기처럼 미팅을 초회면담, 상담, 판매, 소개자로 구분해야 한다. 이는 신입 어드바이저로 하여금 자신이 건 전화가 어떻게 진행되는지, 고객들이 미팅에 나타나는 확률이 얼마만큼 되는지를 모니터할 수 있게 도와줄 것이다. 미팅은 많으나 전부 기존고객이나 이미 알고 있는 사람들과 미팅이라면, 이런 사람들에 대한 판매잠재력은 곧 바닥나게 되므로 머지않아 성과는 떨어질 수 밖에 없다. 전화 판매, 마케팅, 소개를 확보하는데 좋은 방법 등을 이용해서 새로운 사람들과 더 많은 미팅 약속을 만들어야 한다.

그리고 나서 이 수치들을 각 색깔 별(붉은색-대면; 파란색-가망고객발굴; 녹색-개인시간; 노란색-외근; 검정색-관리업무)로 소요된 시간과 함께, 일주일 단위로 합계를 내고 4주 단위(우리가 정한 '월')로 활동 스프레드 시트에 반영한다.

다이어그램7.5의 상단의 표의 일부에서 볼 수 있듯이, 활동을 추적하는 수치들은 상기처럼, 영업일수, 관리업무 일 수, 휴일 수 같은 것이다. 나는 4주 단위를 사용하기 때문에 이 수들의 합계는 늘 28이 된다. 성사된 미팅은 플래너의 중간 페이지에 초회면담, 상담, 클로징(계약체결), 소개자로 다시 세분화한다.

신입 어드바이저 같은 경우에는 전화 통화에 이를 적용해서 전화통화 성공율을 추적하고 싶을 수도 있다. 거래 건수(혹은 청약서 건수)는 소개 건 수 옆에 쓴다. 전체 실적은 새로운 고객으로부터 나온 것, 기존 고객에서 나온 것으로 구분한다. 전체 업무 소요시간은 대면 미팅 시간, 가망고객발굴(세미나), 개인 시간, 외근 시간, 관리업무 시간으로 세분화한다. 이제 시간당 금액을 계산할 차례이다. 이것이 바로 핵심 지표다. 우리의 진정한 가치를 알지 못한다면, 어떻게 고객들에게 현실적인 비용 청구가 가능할 것이며, 어떻게 이익을 남기를 바랄 수 있다는 말인가? 이 수치를 계산하기 위해 여러분들의 시간당 목표 수수료율을 계산하는 법에 대한 기억을 떠올리면서 제5장을 다시 읽어보자.

그런 다음 석세스 플랜의 가운데에 있는 실적 지표는 두번째 스프레드 시트로 옮겨서 더 세분화시킨다. (다이어그램 7.5의 하단의 표).

작성 및 결과가 나온 수치들은 연간 진척도를 한눈에 알아볼 수 있게 목표에 대비하여 그래프(다이어그램 7.6참고)위에 나타내라. 우리가 통제할 수 없는 상황으로 인한 청약취소/거절(Fall-off of business)의 경우가 목표대비 실적에 얼마나 영향을 미쳤는지도 확인해봐야 한다.

이 수치들은 이제 현재 진행되고 있는 평균적인 계약체결규모를 분석하는데 활용된다. 몇몇 어드바이저들은 신규 고객에 대해서는 건당 계약 규모가 아닌 연평균 수익으로 측정해야 하는 것을 선호할 수도 있지만, 사실 나는 둘 다 하고 있다. 고객으로부터 발생하는 연간 평균 수입은 우리가 그 고객과 계속 일할 수 있는지를 말해주지만 평균 계약 규모는 9장에 나올 업무 진척도(Working In Progress) 목록을 계획하는데 대단히 중요하다고 생각하기 때문이다(제9장 참고).

마지막으로, 월별 수치들을 가장 높은 실적을 보여주는 '최고의 실적을 기록한 달(Month) 상위 20위'(다이어그램 7.7)에 삽입한다. 이렇게 하는 이유는 최고의 수치들을 기재함으로써, 우리 스스로 나태해지는 것을 막고, 앞으로 더욱 발전하고 싶게 만들기 위해서이다. 팝스타들도 그렇듯이, 이번 달에 '1위로 바로 상승하는 것'을 보는 것은 기쁜 일이며, 만일 여러분의 실적이 최근 몇 년 동안 "최고의 실적을 기록한 달" 중 상위 10위안에 들지 못했다면, 여러분의 비지니스는 성장하고 이익이 상승할 가능성이 적다고 할 수 있다.

나는 또한 거래원장을 기록하라고 권하고 싶다. 이 거래원장은(다이어그램 7.8) 은 개인적인 기록에 필요한 모든 데이터를 기록하기 위한 것이 기본 목적이지만, 우리의 업무의 규정 준수 및 직원교육훈련, 경쟁력제고 등을 위한 핵심 성과 지표 (Key Performance Index)를 책정하는 데도 도움이 된다.

위의 표의 각 항목은 다음과 같다:

• 고객 응대에 사용하기 좋은 독특한 참고 사례

• 서류작업을 끝낸 날짜

• 고객이름

• 어드바이저

• 원수사(원수사 소속이라면 필요없음)

• 상품

• 보험료 및 납입주기

• 커미션이나 수수료

• 제안서에 서명한 날짜;

• 최초 청약일 및 청약 상태

• 발급된 보험증권 번호

각 항목마다 입력할 값에 대해 표준 포맷을 사용하면 검색과 분석이 용이하며 신속해진다. 예를 들어, 개인 연금(Personal Pension)은 항상 PP로 기록한다. 모든 직원들은 이를 알고 있어서 다른 형태로 입력(예를 들면 PP대신 P.P.P 나 PersPen)할 경우 분석이 되지 않는다. 날짜별로 기록해야 관리프로세스를 검토하는데 걸리는 시간을 파악할 수 있고, 직원 교육 수요를 파악하는데

활동

월	일수 판매	관리	휴일	통화	예약 첫번째	서비스	판매	소개	합	미팅 첫번째	서비스	판매	소개	합계	거래	소개	실적 신규	기존	합계	시간	% 고객	고객찾기	개인시간	관리	외근	£/hr
1	12	9	7	80	21	16	21	6	64	14	12	18	4	48	21	15	4600	5900	10500	220	40	20	10	20	10	48
2	14	8	6	93	18	12	20	4	54	13	10	13	3	39	18	12	5800	5200	11000	180	45	15	10	20	10	61
3	10	10	8	102	24	28	22	4	78	18	20	16	4	58	20	10	6800	8200	15000	190	55	10	5	15	15	79
4	13	9	6	50	14	12	16	2	44	12	12	16	2	42	26	8	21000	9000	30000	210	70	10	5	5	10	143
5	6	8	14	32	10	5	5	1	21	8	5	5	1	19	8	2	1000	4000	5000	96	35	10	40	10	5	52
6	...	...	...	...	...	...	...	...	...	...	...	...	...	...	...	...	...	...	...	...	...	...	...	...	...	...
7																										
13																										
Total	...	...	...	...	...	...	...	...	...	...	...	...	...	...	...	...	...	...	...	...	...	...	...	...	...	...

목표

월	거래규모 신규	기존	합계	연간	총실적 신규	기존	합계	연간	목표 누계액 총액	차이	보험증서발행 당월	연간	목표 누계액 순익	차이	평균 거래
1	9	12	21	21	4600	5900	10500	10500	8,500	2000	8,000	8000	7,700	300	500
2	10	8	18	39	6000	5000	11000	21500	17,000	4500	7,500	15500	15,400	100	611
3	11	9	20	59	9000	6000	15000	36500	25,500	11000	22,500	38000	23,100	14,900	750
4	18	8	26	85	18000	12000	30000	66500	34,000	32500	5,500	43500	30,800	12,700	1154
5	3	5	8	93	1500	3500	5000	71500	42,500	29000	12,000	55500	38,500	17,000	625
6									51,000				46,200		
7									59,500				53,900		
8									68,000				61,600		
9									76,500				69,300		
10									85,000				77,000		
11									93,500				84,700		
12									102,000				92,400		
13									110,500				100,100		

다이어그램 7.5- 활동

유용하며, 생명보험사가 서류작업 하는데 걸리는 시간을 알 수 있다. 특히 고객을 위한 추천안을 만들 때 유용하다!

데이터를 쉽게 찾고 정렬할 수 있기 때문에, 특정 상품 유형에서 수입이 얼마나 감소하는지, 가장 많은 이익을 가져다주는 상위 10명의 고객이 누구인지 간단히 알 수 있다. 수수료를 삭감하는 추세인 요즘 같은 시대에 사업을 번창하게 하기 위해서 오늘 날의 어드바이저들은 수익성 같은 이슈들을 반드시 알고 있어야 한다. 앞서 설명한 수치들은 어드바이저에게 직접 미치는 경제적인 영향력 때문이라도 그 가치를 따질 수 없을 만큼 귀한 자료가 된다.

위에서 말한 모든 일을 할 수 있는 복잡하고 비싼 컴퓨터 프로그램들이 있다. 나는 모눈 종이에 그려서 시작했지만 지금은 대부분 컴퓨터에 있는 간단한 스프레드시트를 이용한다. 모든 분석은 프로그램에 있는 '도움(설명)' 메뉴를 통해 실행할 수 있다. 이 정도는 로켓 과학이 아닌 기초적인 수학만 할 줄 알면 가능하다. 이 프로그램이 어드바이저의 전제조건인지에 대한 논쟁이 있긴 하지만!

이제 우리는 1페이지 석세스플랜과 이 책 초반부에서 알아본 목표 수치들 그리고 월간 분석 시트의 일일 통계들을 종합해서, 매일의 성공을 보장하는데 유용한 액션 플랜을 완성했다. 우리는 1년 중에 며칠을 일해야 하는지, 연간 목표를 달성하기 위해서는 무엇을 해야 하며, 일일 생산량은 얼마가 되어야 하는지를 알고 있다. 목표 달성에 실패할 경우 변명의 여지는 없다. "아팠어요"

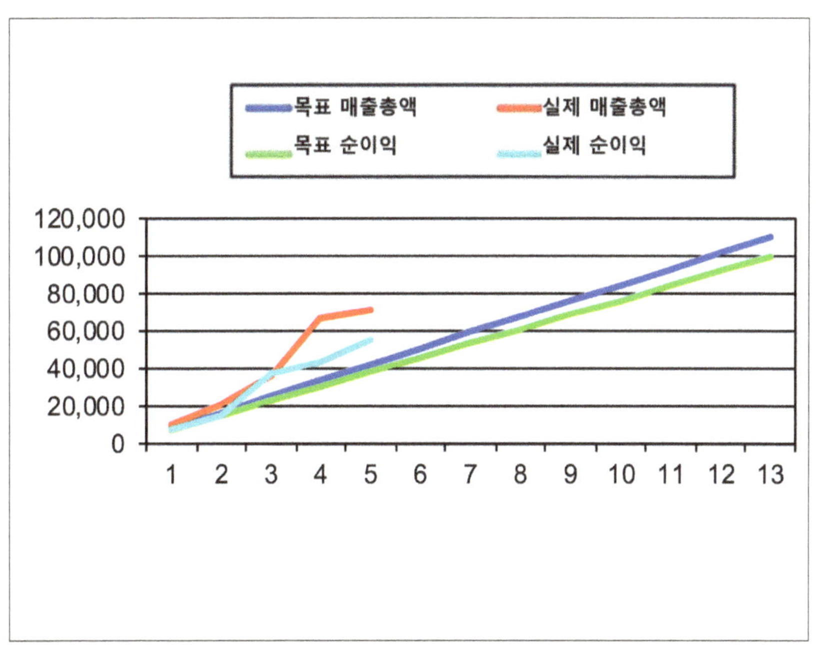

다이어그램 7.6-연간 지표

월	기록	거래건	평균
Dec-00	56,480	33	1712
Aug-01	40,735	22	1852
Aug-00	33,459	25	1338
Mar-98	31,778	32	993
Mar-99	23,859	22	1085
Mar-00	23,693	21	1128
Jun-01	21,308	18	1184
Feb-00	19,746	14	1410
May-98	19,438	19	1023
May-01	18,482	17	1087
Apr-00	17,035	11	1549
Feb-99	15,214	16	951
Nov-98	14,325	19	754
Feb-98	14,317	15	954
Sep-00	14,131	10	1413
Mar-97	14,125	33	428
Nov-99	13,034	20	652
Apr-99	12,714	9	1413
Jun-98	11,829	6	1972
Sep-98	11,537	15	769

다이어그램 7.7- 최고의 실적을 기록한 달(Month) 상위 20위

같은 타당한 이유는 있을 수 있지만, 변명할 거리는 없다. 여러분이 세운 목표나 여러분이 정의한 성공을 달성하지 못했다면, 이제는 그 이유를 정확히 파악할 수 있을 것이다.(소개를 부탁하는 후속 전화를 걸지 않아서, 관리업무에 너무 많은 시간을 쓰느라 충분히 많은 사람들을 만나지 못해서처럼) 목표달성에 실패한 원인을 파악한다면, 그 경험을 통해 배울 수 있도록 이 책에 있는 기법들을 알고 있는 것이 중요하다. 경험에서 배우는 것이 있다면, 그건 실패가 아니다. 실패했다고 할 수 있는 때는 포기 했을 때다.

자, 이제 우리의 스케쥴 표에는 약속으로 채워진 시간과 비워진 시간이 있고,

Date	Client	Con	Company	Product	Premiu	M/A/S	Gross	Prop Da	Submitt		Status	Pol No.
	……		……	……						……	……	
27-Jun-00	F Bloggs	IG	Scot Eq	PMI	9.21	M	191.77	8-Jun-00	1-Jul-00		In force	123d
30-Jun-00	N Normal	AC	Standard Life	PP	83.33	M	715.78	8-Jun-00	3-Jul-00		In force	abd4
30-Jun-00	N Normal	IG	Fidelity	ISA	65.00	M	0.00	8-Jun-00	3-Jul-00	907.55	In force	x45t
3-Jul-00	K Smith	IG	Fidelity	ISA	7000.00	A	210.00	29-Jun-00	5-Jul-00		In force	5th7
3-Jul-00	M Reddell	AC	Fidelity	ISA	350.00	M	10.50	29-Jun-00	5-Jul-00		In force	hjk9
3-Jul-00	V Williams	HJ	Fidelity	ISA	1000.00	S	30.00	24-Jun-00	5-Jul-00		In force	00x2
6-Jul-00	V Williams	HJ	Fidelity	ISA	350.00	M	10.50	24-Jun-00	7-Jul-00		In force	123-876
9-Jul-00	R Camderwell	IG	Fidelity	ISA	5000.00	S	150.00	19-Jun-00	10-Jul-00		In force	345-gft
12-Jul-00	R Camderwell	IG	Norwich Union	Bond	20000.00	S	600.00	19-Jun-00	17-Jul-00		In force	345r
12-Jul-00	O Tipper	AC	Fidelity	U/T	68.00	M	2.00	27-Jun-00	17-Jul-00		In force	fgt432
15-Jul-00	O Tipper	IG	Norwich Union	PP	85.90	A	737.86	27-Jun-00	17-Jul-00		In force	456hdg
15-Jul-00	N Portman	MR	Standard Life	PP	192.31	M	1710.89	28-Jun-00	17-Jul-00		Lapsed	345sdf
17-Jul-00	S Bayliss	IG	Norwich Union	IHT	201.60	M	1731.69	13-Jul-00	17-Jul-00		Lapsed	345-yu
17-Jul-00	S Bayliss	IG	Norwich Union	IHT	887.50	S	49.70	13-Jul-00	17-Jul-00		In force	45fg
20-Jul-00	S Jones	IG	Norwich Union	PP	90.00	M	776.44	30-Jun-00	21-Jul-00		In force	45gh-uuy
21-Jul-00	A Samson	AC	Skandia	Bond	30000.00	S	900.76	19-Jul-00	21-Jul-00		In force	ew rt54
21-Jul-00	A Samson	AC	Skandia	U/T	500.00	M	15.00	19-Jul-00	21-Jul-00		In force	c876-0
21-Jul-00	D Glover	MR	Skandia	U/T	200.00	M	6.00	7-Jul-00	21-Jul-00	6941.34	In force	vsg344
2-Aug-00	C Appleyard	AC	Scot Widows	PP	189.10	M	1624.35	28-Jul-00	2-Aug-00		In force	4r554r
2-Aug-00	B Little	HJ	Framlington	ISA	7000.00	S	210.00	1-Aug-00	2-Aug-00		In force	4355gs
2-Aug-00	J Long	MR	Skandia	ISA	7000.00	S	210.00	1-Aug-00	2-Aug-00		In force	897g5
2-Aug-00	V Williams	AC	Norwich Union	ISA	7000.00	S	210.00	1-Aug-00	2-Aug-00		In force	879er
2-Aug-00	V Williams	AC	Axa Sun Life	Bond	33200.00	S	996.00	1-Aug-00	2-Aug-00		In force	132fg
2-Aug-00	V Williams	AC	Norwich Union	Bond	100000.00	S	3000.00	1-Aug-00	2-Aug-00		In force	3124ghj
3-Aug-00	R Bishop	IG	Scot Life	PMI	206.53	M	3216.62	13-Jun-00	3-Aug-00		In force	45bng
3-Aug-00	R Bishop	IG	Scot Life	PHI	41.99	M	615.18	14-Jun-00	4-Aug-00		In force	56ghj
	……		……	……						……	……	

다이어그램 7.8-거래원장 예시

자기분석 페이지는 앞으로 우리의 비즈니스에 있어서 고점이나 저점을 알려주고 성공을 확인할 수 있게 해준다. 일일 74포인트 목표는 지속성을 유지하도록 우리를 압박한다. 이는 많은 이들에게 큰 도전이다.

많은 실적과 이익 창출을 위해 가망고객을 찾아야 하는 시간이 반드시 필요하지만, 많은 영업조직이 종종 수많은 서류 작업 및 관리 업무를 요구하고, 그걸 다 따라가다보면, 가망고객 발굴을 한참이나 하지 못한채 우리의 일정표는 텅텅 비어 있는 걸 발견할 때가 있다. 수첩을 채우기 위해 전화기를 다시 들지만, 수많은 관리업무들이 쌓여 있다(다이어그램 7.9 참고). 앞서 살펴보았듯, 밀린 일을 하고, 중요한 것을 놓치고, 판매, 가망고객발굴, 관리업무, 또는 이 모든 일들을 허겁지겁 쫓게 되기 쉽다!

우리 자신만의 확실한 업무기준이 있고, 어떤 일을 추진하는데 있어 무언가 제대로 되고 있지 않는 걸 알아챘다면, 바로 그 확실한 업무기준에 맞추어 이유를 파악하고 그것을 고칠 수 있을 것이다. 그런 면에서 포인트 시스템은 성공하기 위해서 우리가 해야 할 일을 알려주는 뛰어난 목표 설정 도구일 뿐 아니라 우리가 제대로 하고 있는 일이 무엇인지, 어디서부터 잘못되었는지를 보여주는 훌륭한 분석 도구이다.

포인트 시스템은 날마다 해야 할 일에 집중할 수 있게 만들어주며 한 분야에서 포인트가 떨어지는 것을 파악하는 순간, 너무 늦기 전에 이를 수정할 수 있게 만들어준다. 앞 장에서 간단하게 짚어보았지만 다시 한번 요약하자면 다음과 같다.

예시:

20통의 전화를 걸었으나 그 중 10명과는 대화를 하지 못한다면 잘못된 번호로 걸었거나 타이밍이 좋지 않거나, 혹은 둘 다 일 수 있다. 치과의사들이 한창 바쁠 때인 병원 영업 시간에 전화를 하는 건 좋은 타이밍이 아니다. 진료가 끝났을 때 그들에게 전화해야 한다.

10명과 대화를 했지만, 이 중 4명과는 미팅까지 이어지지 않는다면, 우리가 통화하면서 말하는 내용이 무언가 잘 못 되었음을 인지하고, 해당 내용과 관련된 강좌나 목소리 트레이닝을 받을 것이다.

고객의 관심을 끌 만한 한 두줄 정도의 코멘트를 준비해라. 이 책 전반에 걸쳐 세일즈 아이디어가 가득하다. 딱 하나만 익히고 연습하면 충분하다. 여러분의 전문 분야를 전화한 이유에 접목시켜 보자. 예를 들면, 자산관리계획에 대해 변호사에게 얘기하고 세금 우대에 대해 회계사에게 얘기해보자. 단, 반대로 하면 안된다.

4명과 미팅을 잡았으나 2명은 나타나지 않는다면:

- 우리가 미팅 약속을 재확인하지 않았거나 가망고객이 미팅에 나와야 할 만큼 충분히 설득력 있는 이유를 주지 못했다.

2명을 만났으나 1명에게는 판매하지 못한다면:

- 영업 교육이나, 상품에 대한 기본 지식이 필요하거나 마지막 마무리를 확실히 할 필요가 있어 보인다.

소개를 받지 못한다면:

- 소개를 부탁하지 않거나, 충분히 높은 수준의 고객서비스를 제공하지 못하고 있다.

이와 같이 분석할 수 있는 것들은 더더욱 많다. 자, 이제 우리는 우리 자신이 상품을 판매하고 소개를 받아 내는 데는 탁월하지만 미팅을 잡기 위해서는 수많은 전화를 걸어야 한다는 것을 알 것이다. 그렇다면 미팅 약속을 잡는 일을 전문가에게 위임할 수 있다. 석세스 플랜을 활용하기 시작하면, 업무의 여러 방면에서 이처럼 다양한 여러가지 방법을 활용할 방법을 찾게 될 것이다.

요약하면, 우리는 아무런 방해를 받지 않고 온전히 하루를 본인 만의 석세스 플랜을 짜는데 투자해야 한다.

시작해보자.

- 얼마를 벌고 싶은가?(목표);

- 얼마만에 목표액을 달성하고 싶은가?(근무 일수 및 일일 생산성 필요)

- 몇 건의 미팅이 필요한지 결정하기 위한 평균 계약 규모 및 계약체결율

- 개인시간 및 가족과의 시간과 함께, 위의 목표들을 실행할 수 있는 업무미팅 가용시간들 찾아내서 석세스플랜에 기재하기

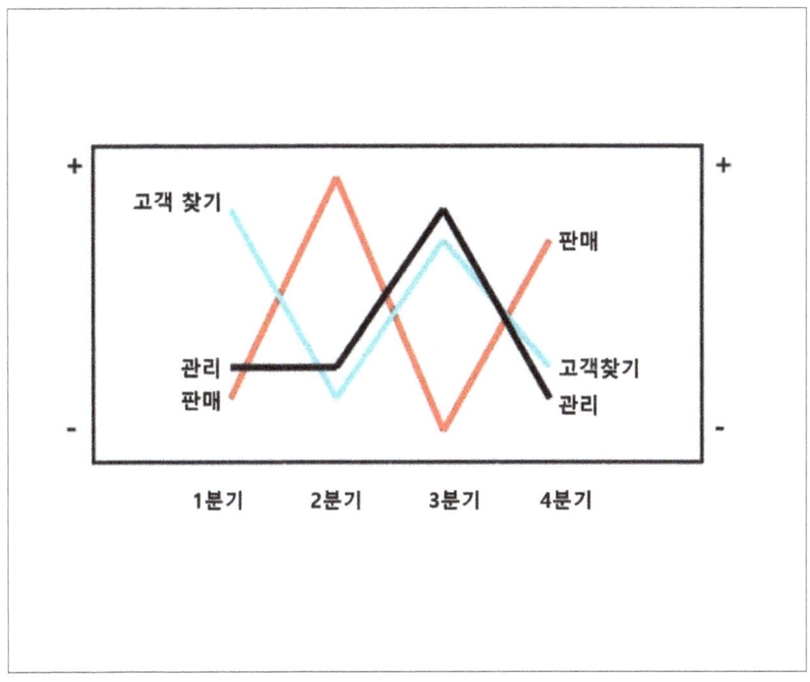

다이어그램 7.9-업무 그래프

* 고객에게 새로운 업무 방법에 대해 알리고 그들이 이를 통해 얻는 혜택을 설명하기
* 매일, 15분 단위(혹은 수수료 부과시에는 6분단위)로 행동을 기록하고 하루 일과가 끝날 때, 한주가 끝날 때마다 합계 내기
* 매일 74포인트 달성하기

색깔 별 활동을 개선하는데 석세스 플랜 개념을 활용하자.

* 붉은색-고객과의 대면미팅

미팅으로 미리 배분한 시간(미팅가용시간)에 고객을 만날 것

사전 고객질문지(Fact Finding) 발송할 것

* 파란색-가망고객발굴(소개)

가장 **훌륭한** 고객들에게 5명을 소개받기

나의 기준에 적합한 기업 고객에게 기회의 직소 퍼즐 보내기

* 노란색-외근

사무실에서 근무하거나 지역 공유 사무실 이용

일정을 지역별로 정리(화요일=시내 등)

* 녹색-개인 시간 또는 가족과의 시간

일정에 넣어두고 우선순위 부여

* 검정색-관리업무

시간당 10파운드짜리 업무 전부를 위임하고 시간당 260파운드짜리 업무에 집중하기

석세스 플랜의 탁월한 효용을 느끼고, 앞서 제시한 여러 가지 방법이 여러분에게 맞는지 알아보기 위해서는 최소 4주 정도의 기간이 필요할 것이다. 이 말은 여러분이 조금 더 열심히 일해야 한다는 의미이다. 그 누구도 이 일이 쉽다고 말한 적은 없다.

12주 후, 여러분은 놀라운 차이를 경험할 것이다. 나 같은 사람조차도 1년 혹은 1년도 안된 기간에 큰변화를 이룬 것을 비추어 볼 때, 여러분의 수입은 두배가 되고, 평소 업무량보다 최소 25%는 적게 일하고 있음을 보게 될 것이다.

"아무도 실패를 계획하지 않는다. 그저 계획에 실패할 뿐이다". 오래된 격언이지만 좋은 말이다.

석세스플랜은 나에게는 효과가 있었다. 여러분이 열심히 실행하고 잘 지킨다면, 석세스플랜은 여러분에게도 분명 효과가 있을 것이다. 여러분이 생각하는 성공이 무엇이든 간에 말이다.

SECTION 3
섹션 3

제8장

상담 수수료 부과 (Fee Charging)

이 주제는 논쟁과 토론을 야기할 수 있는 주제이다. 커미션은 오랜 기간 생명보험과 재무 설계 업계의 근간이었다. 이를 그대로 유지해야 한다는 사람들도 있고 상담 수수료를 받는 것이 사업을 유지하는 유일한 방법이라고 주장하는 사람들이 있다. 이 장에서 이 문제를 해결하고자 하는 건 아니다. 여기서는, 여러분이 영업활동을 하면서 수수료를 전액 혹은 일부를 부과하기로 결정한 경우, 수수료 부과가 크게 문제가 될 부분이 아니라는 것을 보여주고자 한다.

저자가 영업하고 있는 영국을 포함한 많은 나라에서 커미션은 거의 폐지되었다. 저자는 여러분이 있는 곳에서도 이런 현상이 발생할 거라고 말하는 건 아니지만, 그럴 가능성도 있을 것이다. 규제당국과 언론매체는 결국에는 커미션이 없어질 것이라고 한다. 조언을 하는 입장에서 저자는 이런 일이 발생할 경우를 대비하는 편이 나을 것이라 생각한다.

여러분이 지금까지 석세스플랜에 따랐다면, 여러분이 지불하고 있는 연간 비용(4장에서 다룸) 및 여러분의 생산성 목표, 시간당 수수료(5장에서 다룸)를 알고 있어야 한다. 만일 여러분이 연간 36,000파운드를 비용으로 지출하고 있고, 목표가 100,000 파운드일 때, 여러분이 하루 열 시간씩 200일간 일한다고 가정하면 여러분의 비용을 커버할 수 있는 시간당 최저 수수료는 18파운드이다. 목표를 달성하고 이익을 남기기 위해서는 50파운드를 수수료로 청구할 수 있다.

그러나 여러분이 일한 시간 전부를 청구할 수 있을 것 같지는 않다. 법적 관행(영국기준)은 수수료로 먹고 사는 사람들이 상기 2,000시간보다 상당히 적은, 연간 1,200시간을 청구하기를 원한다. 연간 200일을 일했다면, 고객에게는 하루에 6시간 일한 것으로 청구한다. 우리가 일한 시간을 100% 다 청구하기 보다는 좀 더 현실적인 목표로서 이 방식을 이용한다면 시간당 수수료는 급격하게 상승할 것이다. 시간당 수수료는 비용을 충당하기 위해서는 30파운드, 목표 달성을 위해서는 84파운드까지 치솟게 된다. 우리가 하루에 10시간씩 200일을 일하고 싶어하지 않는다는 사실을 전제로, 연간 목표를 더 높일 경우 유일한 선택지는 수수료를 올리는 것 뿐이다. 예를 들면 목표액이 200,000 파운드일 경우 시간당 수수료는 168파운드가 될 것이다.

우리는 우리의 시간사용에 대해 아주 상세하게 관리해야 한다. 전문가들과 변호사, 회계사들이 쓴 서적을 참고하고 날마다 근무시간표를 작성해야 한다.

목표를 달성하기 위해 우리는 일정을 월간, 주간, 일일, 그리고 시간, 그리고 6분 단위로 세분화했다. 대부분은 이미 이렇게 셋팅 된 다이어리를 쓰고 있을 것이다. 좋다! 그렇지 않다면, 아래 다이어그램 8.1의 형식을 사용해도 좋다.

위 다이어그램에서 우리는 시간이 6분 단위로 나눠져 있는 것을 볼 수 있다. 그렇다고 6분마다 칸을 채우기 위해 일을 중단하라는 말은 아니다. 6분이라는 시간은 작은 과업을 완성하는데 적합한 시간단위이며 6분 단위 10개는 한 시간이므로 고객 청구서를 작성하기도 쉽다!

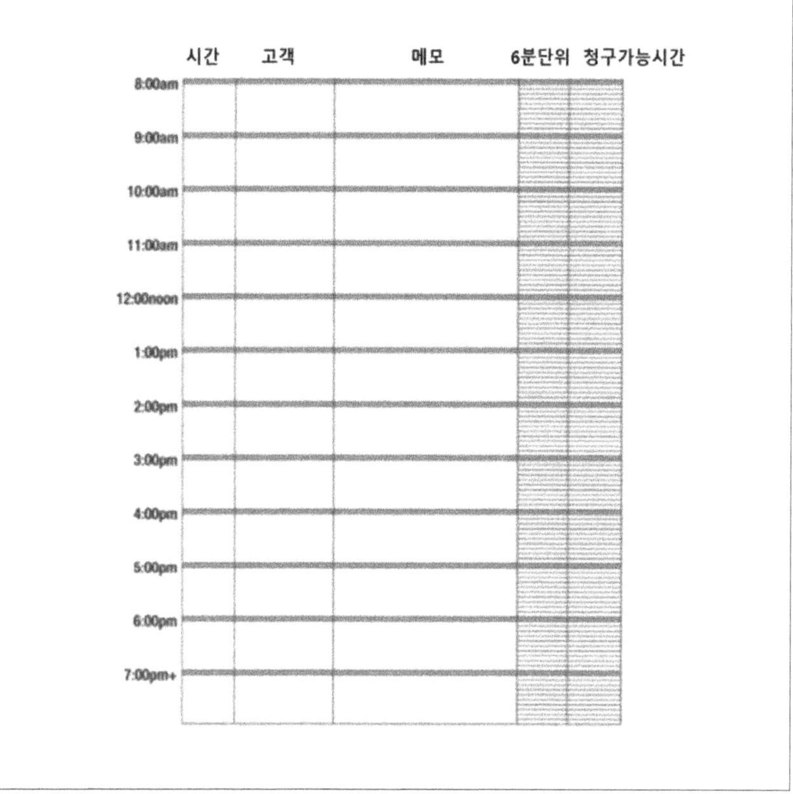

다이어그램 8.1-시간표

'고객' 항목은 제목 그대로이나 필요한 경우 수정하여 쓸 수 있다. 예를 들면, 기업을 소유한 오너 고객이라면, 개인적인 항목에 대한 상담, 법인관련상담 등으로 내용을 구분하여 쓸 수 있다.

메인 섹션인, '메모' 항목은 합법적이고, 여러가지 조건을 준수한 업무의 진행 기록으로써, 고객에게 우리가 한 일에 대한 청구서를 보낼 때 큰 도움이 된다. 소송이 넘쳐나는 사회에서 살면서, 이같이 세세한 기록들은 소송이 발생할 경우 든든한 자료가 될 것이다.

마지막 열은 해당 칼럼의 업무들이 고객에게 청구 가능한 시간인지 여부를 체크하는 란이다.

하루 종일 이 시간표를 가지고 다니면서, 고객 파일 작성을 마쳤거나 전화 통화가 끝나는 등 개별 업무가 끝날 때 마다 항상 업데이트 하기를 권한다.

이 시간표는 석세스 플래너와 손쉽게 병합 할 수 있다. 메인 박스에는 완료된 일을 기록하고 15분 단위를 6분 단위로 바꾼 뒤, 청구 가능한 시간을 체크 하기 위해 색깔 칸 옆에 체크하는 칸을 하나 더 만들면 된다.

이 시간표의 의미는 마지막 1초까지 하나하나 고객에게 청구하거나, 누가 전화를 하면 초시계를 누르라는 말이 아니라, 시간표를 완성함으로써 우리가 고객의 일에 시간을 얼마나 투입하는지를 명확하게 확인하라는 것이다. 이 정보를 어떻게 활용할지는 본인에게 달려있다. 예를 들어 우리가 청약을 성립시키기 위해 생명보험사와 심사조율 등에 투입한 시간까지 고객에게 청구할지 여부는 우리가 결정할 문제이다.

시간표를 완성해 나가면서 우리는 자신의 시간에 보다 높은 가치를 부여하기 시작하고, 우리의 수입보다 적은 급여를 주고 고용할 수 있는 사람들에게 위임할 수도 있는 일들에 우리의 시간을 소모하고 있었음을 알게 될 것이다.

이 시간표를 사용함으로써 얻는 또 다른 좋은 점은, 며칠, 몇 주가 지나면서 우리의 시간이 시간당 10파운드(석세스 플래너 용어로 검정펜)보다 시간당 260파운드에 가까워 지는 것(석세스 플래너 용어로는 붉은색 펜)을 볼 수 있기 때문에 우리에게 직원이 더 필요함을 증명해주는 좋은 수단이 된다는 점이다. 다른 사람을 고용하고 현명하게 일을 위임한다면 매출과 이익이 상승한다는 것이 입증될 것이다.

상담 수수료를 부과하려는 시도는 많은 어드바이저들에게 부정적으로 보일 수 있다. 그러나 다른 것들과 마찬가지로, 변화는 기회를 가져다준다. 따라서 상담수수료도 긍정적으로 바라보아야 한다. 어떻게 수수료를 부과할까? 소개를 받을 때 수수료를 부과하는 방식은 왜 안되는가? 최종 청구서를 작성할 때, 가장 마지막에 할인액을 적을 수 있는 공란을 만들어 두어야 한다. 그리고 적합한 소개 건마다 할인, 예를 들어 100파운드를 적용한다. 제6.5장에 열거된 소개 원칙, 즉 최소한의 퀄리티는 갖추되 또 다른 윈(나)-윈(고객)-윈(새로운고객) 시나리오가 되기 위한 사전 조건이 모두 충족되어야 함을 명심해야 한다. 어드바이저가 고객의 일에 투입하는 시간을 최대화할 수 있도록, 어드바이저의 마케팅 노력을 최소화할 수 있게 도움을 주는 걸 싫어하는 고객은 없다. 특히 고객들이 받을 청구서 금액이 절감된다면 말이다. 그들은 돈을 절약하고, 우리는 더욱 양질의 소개를 받고, 새로운 고객은 우리의 뛰어난 서비스의 혜택을 받는다. 소개받은 사람이 고객이 될 때 소개를 해준 사람에게 상담수수료 할인 혜택 등을 주는 방법으로 상담수수료를 더욱 효과적으로 활용할 수 있다. 이 경우, 원래 고객은 수표로 환불받거나 다음 청구서에서 할인을 적용하는 방식 중 선택할 수 있게 한다.

우리의 진정한 시간 가치에 대해 더 많은 통찰력이 생긴다면, 우리는 더 많은 수익을 얻게 되고 결국에는 우리의 고객들에게 더 나은 서비스를 제공할 수 있게 된다고 믿는다.

W.I.P 목록

WIP 목록(업무진척도, Work In Progress)을 만들어라(다이어그램 9.1의 뒷면 참고). 7장에서 이미 언급했고 이는 여러분의 조기 경보 시스템이다. 여기에는 여러분이 알고 있는 모든 가능성 있는 일들을 낱낱이 기록해야 한다. 나의 WIP 목록에는 '전화'라는 항목이 있는데, 내가 가망고객이나 고객에게 전화했을 때 기록하는 항목이며 그들과 정한 약속을 보여주는 항목이다. 심지어 처음 두 개 같이 이런 간단한 칼럼도 많은 어드바이저들이 던지는 질문인, 누구에게 전화를 해야 하는가? 라는 질문을 사라지게 한다. 어떤 비지니스가 생겼는데, '전화항목'이 빈칸이라면 여러분은 그날 걸지 못한 전화 목록이 남아 있을 것이다(세일즈 써클의 첫번째 단계를 기억하는가? 전화기를 들어라). 고객들의 이름을 따라 비고란에 고객들이 관심 있어 할 만한 상품들을 써라.

다음 세 칼럼은 '미리 계획하기'의 핵심이다. 앞으로 4주 동안 비지니스가 발생할 것이 확실하다면, 예상되는 수수료나 커미션을 '확실'란에 기입해라. 고객이 해당 상품에 확실하게 가입하지 않는 한, 이는 확정 금액이 되어서는 안된다. 해당 미팅이 일정에 없다면 판매는 일어나지 않는다. 어떤 어드바이저들은 거래가 우편 배달 중인 경우에는 이 원칙에 예외를 둘 수 있다고 말할지 모른다. 나는 우편 시스템을 허용하기에는 우편 시스템과 진심을 숨긴 고객에게 실망한 적이 너무 많다. 그래서 '우편 배달 중'에 있는 모든 거래는 다음 칸인 '불확실' 칸에 남겨놓는다.

향후 6주~8주 내에 완료될 것으로 예상되는 업무는 여기 '불확실' 칸에 쓴다. 앞으로 8주 이상 걸릴 것으로 계획된 비지니스는 WIP목록의 두 번째 페이지에 기입한다. 계획된 비지니스라 하더라도 확정되기까지 아직 멀었고 현금흐름에 영향을 줄 가능성이 적기 때문이다. 적절한 때에 첫 번째 페이지로옮기면 된다. 마지막 열은 완료된 거래를 적는 칸으로, 청약이 모두 완료된 후에만 여기에다 금액을 기입한다.

매달 첫째 주에 WIP목록을 펴고 모든 고객들에게 전화를 걸어 석세스플래너 수첩의 빈칸을 채우고 어떤 비지니스가 확정될 것인지 확실히 해야 한다. 첫 주는 이미 예정되어 있는 최종 미팅이나 지난 달 덜 끝난 '진행 중인' 일을 제외하고 모든 일이 '불확실' 칸에 있을 것이다. 이 단계에서는 냉정해지는 것이 중요한데, 그 이유는 우리는 종종 잠재적으로 성사 가능한 비지니스를 목록에 더 하라는 유혹에 빠지고(그리고 우리는 '잠재력'이 있는 비즈니스를 많이 하고 있다) 멋진 달이 될 거라고 자신을 속이기 때문이다. 자신의 비즈니스를 진정으로 이해하고 자신에게 솔직해지기 위해서는 이 단계에서 가혹해질 필요가 있다. '잠재성'란의 큰 숫자가 좋아 보이고, 이 숫자들은 매니저들의 기분을 달래주긴 하겠지만 '잠재성'이 현실로 이루어지지 않는다면 피해를 보는 건 우리의 은행 잔고일 뿐이다.

업무 진척도 (WIP) 목록							6월
통화	미팅예약	이름	확실 당월 내	불확실 6-8주	완료	상품	비고
5-Jun	15-Jun	B Hitchins	2000			Stakeholder	IG to do Q & A
7-Jun		E Co Printers Ltd		1000			MR sending info,to do projection
		P Walker		3000		MTA, FIBs, pp	MR sent replacement form to AK
2-Jun	22-Jun	P Rirchens	2000			IHT	Forms sent to GF 14/5
		R Graphics Ltd		3000		PP & CIC	Mr chased - he sending forms
25-May	19-Jun	O Ogden	1450			CIC, PP transfer	Mtg booked
		P Bentall		3000		Investment	
		S Cray		0		Pension Transfer	
31-May	20-Jun	H Hamilton			1770	LTA, FM ISA	Mtg booked
		C Webber		1000		IHT	
1-May	17-May	E baddmann		500	500	2 x Life Cover	KD to fax LoAs back to us.
2-May	24-May	GamesCo plc	250	250		Group bens	forms sent to MS 07/06
		G Yatter		500		Stakeholder	
11-Jun	5-Jul	M Bedden	100			pp inc, invest	MR sent email re mtg.
		Acme co Ltd		0		Group Bens	
		TOTAL	5800	12250	2270		
					8070 종료		
		총 합계	20320				
		이달 신규 합계	12450				
		목표 총 합계	23000				
		차이	2680				

다이어그램 9.1- WIP 목록

한달이 끝나는 4주째 마지막날까지 이 절차를 정확하게 수행했다면, 완성된 컬럼에 기재된 숫자는 첫 번째 주의 마지막에 기재된 '확실' 칸의 수치와 동일한 수치여야 한다.

우리가 석세스플래너를 원칙에 맞게 기재하고, 잘 실천하였고, 그 결과로 얻은 우리만의 "활동량평균"에 대해서 잘 알고 있다면, 우리가 목표하는 수입을 얻기 위해서 "불확실"칸에 있을 법한 일들을 월초에 얼마나 더 많이 만들어야 할지 감을 잡을 수 있을 것이다.

예를 들면, 거래 성사율이 75%, 즉 계약체결 되는 미팅이 모든 미팅의 3/4 이며, 목표를 달성하기 위해 매달 8,500파운드가 필요하다면, '불확실' 목록에 11,333 파운드가 있어야 한다. 평균 거래 규모가 500파운드라는 것을 알고 있다면, 최소 23개의 가능성 있는 비즈니스가 목록에 있어야 한다는 뜻이다. 이 때 큰 계약으로 쉽게 쉽게 이것을 달성하려는 욕심을 주의해야 한다.

우리의 "불확실" 목록에 만약 6,000파운드 짜리 큰 거래가 있다면, 11,333 파운드를 채우기 위한 작은 거래는 그만큼 줄어들 것이다. 이런 순간을 조심해야한다. 이 때 늘 그렇듯이 평균의 법칙이 작동해서, 큰 거래가 사라지는 경우가 생긴다. 순식간에 몇 달 밖에 남지 않은 한 해와 구멍 생긴 재무구조만 남은 것이다.

WIP 목록에서 합계 역시 도움이 된다. 첫번째는 우리가 이미 다루었던 전체 합계이다. 이 합계는 현 4주 동안 추가될 새로운 잠재적 거래를 찾아내는 데 유용하다고 생각한다. 이 방법은 목록에서 계속 정체된 채로 다음달로 넘어가기만 하는 잠재적 거래를 찾아내고, 그것을 극복하는 새로운 거래를 찾아내야할 필요성을 깨닫게 해준다. 다시 말하면, 냉혹한 현실을 제대로 바라보고, 우리가 쉽게 빠지기 쉬운 안이함(Comfort Zone)에서 벗어나기 위함이다.

마지막 숫자(차이)부분은 우리가 필요로 하는 목표매출과의 차이를 보여준다. 다시 말해, 저걸 메꾸지 못하면 우리 비즈니스의 현금흐름에 문제가 생긴다는 뜻이다. 만약 저 '차이'가 발생한다면, 우리는 그것을 메꾸기 위한 더 많은 "불확실"리스트가 필요하고 그것을 "확실"로 바꾸고 확정 짓기 위한 노력을 해야한다.

WIP 목록이 해야 할 일이 너무 많아 보여 시작도 전에 겁을 먹을 수도 있지만, 매일, 정직하게, 제3장의 기회의 그물과 접목시켜 활용한다면 WIP목록은 어드바이저들의 최고의 친구가 될 수 있다. 우리 자신에게 거짓말을 하지 않는 한 숫자는 거짓말을 하지 않는다. WIP 목록은 우리의 일일 통계 및 장기적으로 비지니스 수익성을 관리하는데 있어 정말 훌륭한 도구가 될 것이다.

미팅 의제(Agendas)

미팅에서는 항상 의제를 준비하라. 다이어그램 9.2에 예시가 있다. 이는 매우 간단하지만, 전문성을 보여준다. 그리고 미팅의제는 우리가 미팅 중에 원래의 목적을 벗어나지 않도록 해준다. 최고의 어드바이저라 하더라도 주의가 흐트러지거나 미팅의 목적에서 벗어날 수 있다. 미팅 의제는 다른 목적으로도 활용할 수 있는데, 예를 들어 '소개'를 마지막 의제로 넣어보자. 이렇게 해야 우리 스스로 '다음 얘기로 넘어갈 때 소개를 요청해야지'라고 한 그 때가 왔을 때 요청하지 않을 핑계가 없어진다. 이는 마치 '팩트파인딩'이나 '기타 비즈니스'같이 고객으로 하여금 처음부터 소개가 일반적인 비즈니스 프로세스의 한 단계라고 자연스럽게 여기게 한다.

첫번째 미팅에서 회의록을 굉장히 잘 작성한 뒤 두 번째 미팅의 의제에 고객의 염려사항을 활용하면 여러분이 고객의 걱정거리에 대해 고민하고 있음을 확실히 보여줄 뿐 아니라, '그들의 언어'를 사용하여 고객으로 하여금 전체 프로세스를 더 잘 이해할 수 있게 해준다. (고객들이 원할거라고 우리가 막연히 생각하는 선입견이나 우리 업계의 전문용어는 피하자) 그들이 안락하게 은퇴하고 싶은 바램에 대해 얘기하고 싶어하면, 이를 의제의 제목으로 한다. 예를 들면, 5번 의제를 '주정부 혜택을 포함한 개인 연금'이라는 제목 대신 '고객님의 온퇴 솔루션' 이라고 붙이는 식이다.

마지막 항목은 '기타 비즈니스' 또는 '고객 의견'으로 해야 한다. 고객들이 마지막 말을 할 수 있도록 예의를 갖추는 것일 뿐 아니라 마지막에 소개 부탁을 하지 않게 만들어서, 소개에 관한 말을 어렵게 꺼내는 게 아닌 마치 다른 의제 중 하나처럼 편하게 다룰 수 있게 해주기 때문이다.

의제를 사용하기 시작한다면, 여러분들은 고객들에 관한 라이브러리를 갖출 수 있을 것이며 , 시작할 때 조금 수고는 해야 하지만 이는 곧 제2의 천성이 될 것이다.

미팅기록지(Trackers)

내가 커리어를 막 시작할 때, 미팅을 마치고 나면, 내 손에는 항상 팩트파인딩 내용이 적힌 마구 휘갈겨 쓴 종이들, 포스트잇, 명함 뒷면에 적힌 메모 등이 들려 있었다. 이렇게 그다지 조직적으로 정리되지 못한 내용들로 인해, 나는 종종 내가 고객에게 하기로 했던 여러가지 약속들을 놓치거나 중요한 정보와 숫자가 적혀 있는 종이를 잃어버리거나 엉뚱한 곳에 같이 정리하는 등의 실수를 했다. 이런 현상을 피하기 위해, 나는 미팅할 때 마다 미팅기록지(Trackers)를 작성했다. (다이어그램 9.3 참고)(부록 A-6 참고). 이 기록지 상단에는 어드바이저, 고객, 장소, 시간 세부사항이 쓰여 있다. 본문은 다섯개의 섹션으로 구성되어 있으며, 각 섹션은 종합적인 상담내용 및 '누구에게 이 일을 위임해야 하는지'를 쓰게 되어 있다. 당면한 미팅에 관해서는 무엇이든 기록되므로 아무것도 누락되지 않는다. 상담에 필요한 숫자나 그림은 관련된 척도들과 함께 열거되어 있다 (예들 들면, 종신/정기보험 여부, 펀드 선택, 은퇴 시기 등). 나중에 논의되어야 할 계약상담까지 기록되고 나면, 최종적으로 WIP 목록의 적절한 페이지에도 해당내용을 기재한다.

가장 중요한 섹션은 '약속'이라는 제목이 붙은 섹션이다. 이 섹션은 여러분이 고객에게 하겠다고 말한 모든 것을 기록하는 칸이다. 고객들은 이 섹션을 둔 것에 대해 수없이 나를 칭찬했다. 여러분의 전문 어드바이저가 '약속'이라는 제목 하에 무엇인가를 메모하는 모습을 보는 것은 확실히 안심이 된다. 어쨌건, 모든 약속을 서면으로 만들어 놓는 사람에게 돈을 맡기는 것을 불안해할 사람이 누가 있겠는가? (물론 이 약속들을 이행한다는 가정 하에!) 마지막 두 섹션은 '연금공단에 서신 발송' 같은 긴급히 해야 하는 일 및 참고사항을 적는 란이다. 마지막으로 다음 미팅 날짜를 기록한다. 이렇게 하면 미팅이 석세스플래너

미팅 의제

'Acme Ltd'의 아무개와
'이언 그린 Independent Asset Management'의 미팅
2월 20일 수요일

- 현 상황 업데이트
- 이전 권고사항 환기 및 리뷰
- 온라인 펀드 변경 확인
- 1대1 미팅 시 펀드 후속조치 보고
- ACME Ltd 의 피드백
- 서비스 수준에 대한 논의 및 확인
- 그룹 프리젠테이션
- 1대1 미팅
- 참석자 – 통지 후 한달 이내
- 모든 커뮤니케이션은 이메일로
- 서비스 일정 확인
- 매달 이틀 제안
- 직원 교육
- 자문 계약 확인
- 별도 발송한 확약 이메일 참고
- 서비스 명세서에 나온 사항 외 기타 비용
- 다음 계획
- 사내 공고(신입 및 기존 직원)
- 그 다음 할 일
- 리스크 혜택 검토
- 혜택과 타이밍
- 소개
- 기타 비즈니스

다이어그램 9.2- 의제 예시

고객 _________________ 날짜 __________________등급 _____________
소요시간_______________수수료/커미션_______________판매 지원 __________
연간리뷰 날짜 ___________연중 마지막 상담일 _____________소개 _________

금일 계약상담　　　**착수기한**　　　**세부사항**
  1:
  2:
  3:

견적
  1:
  2:
  3:

미래 계약상담
  1:
  2:
  3:

약속
  1:
  2:
  3:
  4:
  5:

즉시 실행할 것
  1:
  2:
  3:

참고사항:

다음 미팅 날짜: _______________

다이어그램9.3- 미팅 기록지(Tracker)

페이지에 곧바로 기록될 것이므로 여러분의 일정이 절대로 비어 있지 않게 만들어주는 간단하면서도 효과적이다.

두 번째 미팅의 의제를 정할 때 이전 미팅 기록지에 적힌 내용을 활용하면, 여러분은 완벽한 고객 만족을 제공하는데 절대 실패하지 않는 메커니즘을 갖게 된다. 당면한 모든 계약진행 내용이 세세히 관리되고, 약속은 그대로 이행되고, 다음 상담이 잡혀서 다이어리에 기록되게 되며 이 과정은 계속 반복된다. 또한, 모든 미팅의 내용이 이렇게 기록지로 정리되기에, 향후 문제가 발생하였을 때, 어디서부터 문제를 해결해야 할지 찾아보는 중요한 참고자료가 된다.

파이낸셜 어드바이저 - 성공적인 실무전문가가 되는 방법

제10장

컴플라이언스(규정/규제)를 활용한 비즈니스 만들기

컴플라이언스는 '비지니스 방지 부서'라는 오래된 농담이 있다. 그렇게 생각할 필요가 없는데 말이다.

컴플라이언스– 적어도 컴플라이언스 자체는 어드바이저들의 근심거리이긴 했다. 나는 일찍부터 남들이 부정적으로 보는 것을 긍정적으로 대하기로 결심했다. 나는 더 많은 비즈니스를 창출하기 위해서는 컴플라이언스를 어떻게 활용할지에 대해 조사했다. 그 결과 나는 내 회사 컴플라이언스 담당자에게 더 많은 급여를 주면서, 규제를 충족하기 위한 최소한의 업무 외에 더 많은 업무를 시키게 되었다.

우리 회사의 컴플라이언스 담당자는 물론 여러분이 생각하는 일반적인 일을 한다. 그러나 앞으로 내가 얘기할 내용들은 비지니스 방지 부서를 비지니스 창조 부서로 바꾸기 위해 내가 생각해 낸 방법들이다.

예를 들어 컴플라이언스 부서에서 어떤 거래를 감사할 때, 분야를 불문하고 미흡한 사항을 추적/기록한다. 예를 들면, 현금 보유액 부족부터 자금이 부족한 퇴직연금 펀드, 유언장 미작성부터 신탁 안된 생명보험까지(해당내용은 영국기준임) 어느 것이라도 될 수 있다. 이런 항목들을 매 거래가 끝난 후 고객에게 보내는 적합성 보고서에 문제가 되는 항목과 발생 이유 등의 내용을 함께 기재한다. 이는 컴플라이언스 관점에서도 빈틈없이 처리한 것이며, 더 많은 비지니스를 만들어 내기도 한다. 고객들은 이런 서면을 받은 후 종종 해당 상품이나 서비스의 견적 또는 보험료를 문의하기 위해 연락할 것이다. 실제 여러 사례에서 사후 고객관리 서신과 함께 견적을 보내주고 있다. 예를 들면, 이 서면에는 일반적으로 누락 상품에 대한 보험료 견적액과 브로셔, 최대 연금 수령액 및 연금 증가 형태, 유언장 관련 질문지, 신탁 서류가 포함될 것이다. 고객의 시각에서는 우리가 더 수준 높은 고객 서비스를 제공하고 있는 것처럼 보인다. 그들이 우리가 추천한 상품을 아무것도 선택하지 않는다 해도 그들은 선택권은 갖게 되는 것이며 우리는 할 수 있는 최선을 다한 것이다.

컴플라이언스 매니저는 우리가 관리를 맡고 있지 않은 보험을 파악하고, 고객이 가지고 있는 보험의 세부사항을 우리가 전체적으로 볼 수 있다면, 고객에게 빈틈없고 포괄적인 서비스를 제공할 수 있다는 메모와 함께 서류를 발송할 것이다. 고객들은 이러한 권한을 우리에게 부여하는 서류에 서명한 뒤 회신함으로써, 본인들이 직접 자신들의 보험 정보를 수집하는데 드는 시간을 아끼게 된다. 물론 해당 절차를 거침으로 인해 우리는 매년 고객들에게 현재의 보장내역을 요약해서 보낼 수 있다.

또한, 컴플라이언스 담당자에게 바로 배달되는 익명으로 응답가능한 설문지도 함께 보내는데, 덕분에 컴플라이언스 매니저는 정기 리뷰 회의에서 서비스 개선이 필요한 부분에 대해 내게 피드백을 해준다. 고객 서비스 개선을 위한 이러한 시도와 노력은 비지니스의 중요한 요소이며, 판매증대와 고객유지에 큰 도움이 된다고 확신한다.

내가 이 장을 쓰려고 앉았을 때 문득 궁금해졌다. 어떤 분야보다도 많은 책과 컨텐츠가 있는 이 주제를 한 챕터에 어떻게 정의할 수 있을까. 그래서, 나는 이런 컨텐츠들과 경쟁하지 않기로 했다. 대신 더 읽으면 좋을 추천도서 목록을 부록에서 찾을 수 있다. 가장 우수하고 효율적인 정보들을 모으기 위해 석세스플랜 법칙을 응용하기로 했고, 실용적인 툴을 쉽게 사용할 수 있도록 핵심만 뽑았다.

목표에 대한 사전 지식이 없다는 가정하에, 혹은 기본을 재교육하는 차원에서, 모든 목표는 스.마.트(S.M.A.R.T) 해야 한다. 즉, 구체적이고(Specific), 측정 가능하며(Measurable), 달성 가능하며(Affordable), 현실적이고(Realistic), 시기적절(Timed)해야 한다. 이 기준을 충족시키지 못한다면 그 목표는 꿈이나 환상에 지나지 않는다.

내가 가지고 있는 목표 양식은 여러분이 자연스럽게 이 기준들에 맞게 목표를 세울 수 있도록 이끌어줄 것이다. 여러분은 나가서 목표 책(Goal Book)을 사기만 하면 된다. 비쌀 필요도 없고 목표에 대한 설명과 과정을 써넣을 수 있을 정도의 크기면 충분하다.

양쪽 페이지를 쓸 수 있게 책을 펼쳐라(다이어그램 11.1 뒷면). 한 면의 한가운데에 가로로 선을 그어서 반으로 나누고 다른 한면에는 세개의 열을 만든다. 이 열의 제목은 다음과 같다:

• 다음 단계

• 필요 금액

• 완성된 데이터

가로로 반으로 나눈 섹션의 상단에는 여러분이 이루고 싶은 목표를 보여주는, 드림 하우스나 새 차 같은 물건의 사진을 붙여라. 금전적인 목표라면, 원하는 금액을 써넣은 수표를 붙이는 것을 추천한다. 목표가 사진으로 표현하기에 적합하지 않다면 수평적 사고(Lateral Thinking)가 도움이 될 것이다. 여러분이 살을 빼고 싶다면, 날씬 했을 적 예전사진이나 여러분이 원하는 몸매를 가진 얼굴을 제외한 모델사진을 붙일 수 있다. 목표가 좀 더 고차원적이라면, 좀 더 머리를 써야 한다. 멀리 사는 친구와 자주 보거나 매일 명상을 하는 것이 목표일 수도 있다. 이 경우는 여러분에게 특별한 의미가 있는 사진을 이용하면 된다. 친구의 사진이나 지도가 될 수도 있다. 명상이 목표라면 조용한 방의 사진 또는 여러분이 듣고 싶은 강좌의 지면 광고 사진이 될 수도 있다. 무슨 사진이건 여러분에게 효과가 있는 사진이면 되고 별도로 정해진 기준은 없다.

사진 아래 공란에는 목표에 대한 설명을 기입해라. 여러분이 원하는 것을 구체적으로 써야 한다. 때문에 짧은 문장이나 모호한 문장은 안된다. '새 차' 대신, 가능한 많은 감각들을 동원해서 차에 대한 모든 것을 쓴다 글에 생기를

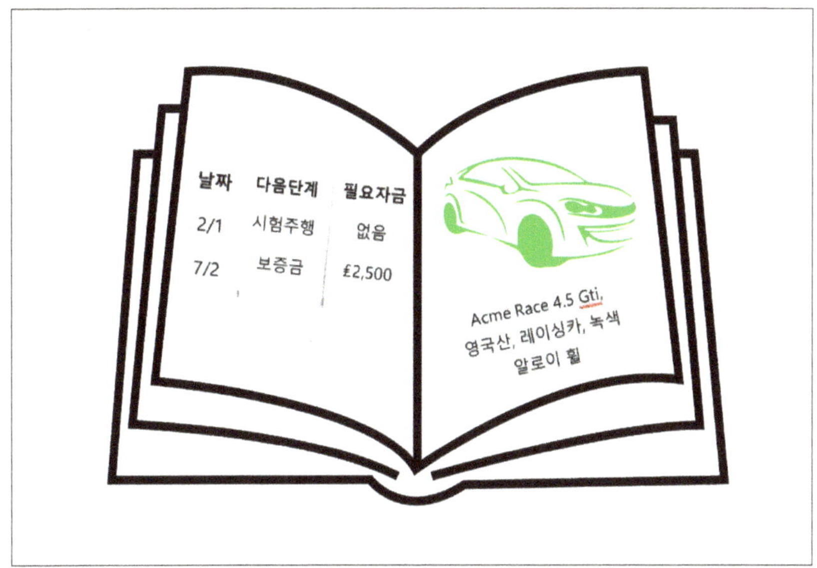

다이어그램11.1-목표책

부여해야 한다. 자동차 메이커, 모델, 색깔, 특징, 엔진 종류, 그 밖에 여러분이 살 것 등등. 마음 속에 동기를 부여하기 위해 추가할 수 있는 보조 수단으로, 달성하거나 달성하지 못했을 때 그것이 내게 주는 의미를 알고 싶을 수도 있다. 이는 목표가 무엇인지, 그리고 즐거움(무언가를 소유하는데 대한)이나 두려움(갖지 못하는데 대한)이 동기부여 수단이 되는지 여부에 따라 달라질 것이다. 목표가 체중감량이라면 여러분은 이렇게 기입할 수 있다. "나는 00 kg이고, 허리사이즈는 00 cm 이며 일주일에 세번 운동하러 간다. 나는 영양가 있는 음식만 먹는다. 여름 옷이 잘 맞고(즐거움) 계단을 올라갈 때 숨이 차지 않는다 (두려움)"

마치 목표를 이미 이룬 것처럼 긍정적인 방식으로 목표를 쓴 것에 주목해라.- "나는 00 kg 이 되고 싶다"거나 "나는 00 kg 을 감량할 것이다" 대신, "나는 00 kg이다" 라고 썼다. 이런 식으로 쓰는 것은 뇌로 하여금 이 일이 가능하다고 받아들이게 하고, 언젠가 하겠지라고 생각하게 만드는 대신 이 목표를 향해 움직이게 만든다.

첫 번째 장은 사진과 자세한 설명이 있기 때문에 목표가 S, 즉 구체적이란 요건을 충족한다. 세 칸의 열을 만들어 놓은 장은 M, 측정가능성에 대한 장이다. 목표를 향해 전진하기 위해서는 다음 단계를 기술하는 것으로 시작해야 한다. 여러분의 목표가 새 자동차라면, 첫 번째 단계는 브로셔 구하기 일 것이다. 이런 식으로 여러분이 목표를 달성하거나 목표를 향해 나아가고 있다고 느낄 때마다 각각의 목표에 대해 즉각적이고 도달 가능한 액션플랜이 생긴다. 특히 이는 우울할 때 유용한데, 하나 이상의

목표를 향해 나아가게 하고 여러분의 기분을 다시 정상 궤도로 올려놓기 위해 취할 수 있는 신속한 조치가 반드시 있기 때문이다.

목표 단계는 가능한 많이 나열하는 것이 좋다. 자동차의 예로 돌아가서, 자동차 잡지 사기, 브로셔 주문, 시승 신청 등이 될 수 있다. 물론, 몇몇 목표는 이전 단계를 성취해야만 다음 단계를 계획할 수 있을 것이다.

두 번째 열은 각 단계의 비용을 메모하는 곳이다. 자동차 예시에서 다음 단계는 자동차 주문을 위해 보증금을 내는 것이 될 수 있다. 이 단계에는 당연히 돈이 필요하고, 따라서 여기에 써놓으면 석세스 플래너 및 비즈니스 플랜과 병합해서 사용할 수 있는 앞으로의 플래닝 도구를 갖게 된다. 이는 목표가 A, 즉 달성가능함을 보장한다.

마지막 열은 단계를 완료한 날짜를 나타낸다. 이는 목표에 대한 진행률 차트를 제공해준다. 이 열의 또 다른 용도는 과업 달성 기한을 정하기 위함이다. 아니면 페이지 하단에 목표 성취 기한을 써넣을 수 있다. 다시 말하지만, 긍정적인 방식으로 기록해야 한다. 기한을 지정하고 각 단계가 완료되는 날짜를 기록함으로써 목표를 T, 즉 시간 지향적으로 만들 수 있다.

이제 R, 즉 현실성만 남았다. 하지만 누구에게나 현실적인 목표라고 말할 수 있으려면 내가 누구인지를 알아야 한다. 만약 여러분이 목표에 대해 충분히 믿음을 가지고 다른 단계들을 밟아 나간다면, 여러분이 원하는 결과를 얻게 된다는 데 의심의 여지가 없다. 다만 너무 비현실적인 목표를 세우는 건 조심해야 한다. 여러분이 94세이고 평생 경주를 해본 적이 없다면 올림픽 100m 단거리 챔피언이 될 가능성은 적으며, 불가능하지는 않겠지만, 큰 일임은 분명하다!

마지막 팁 한가지 더. 여러분의 목표는 여러분의 야망에 공감해 줄 수 있는 사람들과만 공유하길 바란다. 꿈이 시작되기도 전에, 부정적인 사람들이 땅속으로 짓밟아 버려서 궤도에서 멈추게 되는 일이 너무 많다. 슬프게도 세상에는 이런 부정적인 사람들이 대다수이다. 그러나 여러분이 이 장의 목표 설정 원칙을 따르고 실행에 옮긴다면(실행하지 않는 목표는 꿈일 뿐이므로 반드시 실행에 옮겨야 한다), 목표를 이룰 것이다. 다른 사람들의 잘못된 말과 행동으로 인해 단념해서는 안 된다. 여러분을 지지해 줄 사람들과만 목표를 공유한다면 여러분의 꿈은 이루어질 것이다.

목표를 세분화하고 삶 속에서 한 단계씩 성취해 나간다는 원칙을 지켜라. 우리는 제5장에서 연간 목표를 평균 거래 규모로 쪼개는 것에 대해 살펴보았다. 왜 더 큰 목표로 가는 길목에 작은 목표들을 설정하지 않는가. 체중 감량을 원한다면 마지막 순간까지 기다리는 고통 대신 단계마다 새 옷으로 자신에게 보상을 해 주어라. 이렇게 하면 정체되어 있지 않고 계속 앞으로 나가고 있다는 느낌이 들게 하는데 도움이 된다. 그리고 만약, 드문 경우이나, 목표를 향해 나가지 못하고 교착상태에 빠진 듯 하다면, 그 목표는 더 이상 여러분이 원하는 게 아니라고 단정지을지 모른다. 그러나 여러분은 다시 나아가기 위해 목표책으로 돌아가서 다음 단계를 실행할 가능성이 훨씬 높다.

SECTION 4
섹션 4

98

제 12 장

나의 이야기- 플랫폼에서 플랫폼으로 그리고 0 에서 1,500까지

나는 4개월간 회사에서 일한 적이 있다. 나는 꽤 일을 잘했고 생명보험사의 직급체계에서 승진도 했으며 경영진의 '눈에 띄기' 시작했지만 사실은 특별할 게 없는거나 마찬가지였다. 새로운 고객이 될 사람을 만나기 위해 수십 마일을 달려 미팅 장소에 도착했지만 아무도 나타나지 않아 기찻길 플랫폼에 앉아있던 어느 날의 오후를 기억한다. 나는 전화 회의 참석을 위해 지친 몸을 이끌고 간신히 사무실로 돌아왔다. 사무실에서 우연히 내 서류함에 잘못 들어있던 광고를 집어 들었다. 지역 생명보험협회(LIA. Life Insurance Association)지부 총회에 참석할 어드바이저를 초청하는 글이었다(부록 A 참고). 나는 원래 수신자에게 이를 전해준 뒤 그에게 같이 가도 되는지 물어봤다. 시간 낭비였던 그 출장 이후 나는 낙담했고, 무작정 모르는 이에게 전화를 걸기보다는 다른 방법을 찾아야 겠다는 생각도 들었으며 광고 내용이 꽤 흥미롭게 보였던 것도 사실이다. 내 동료는 직급 낮은 수습과 총회에 참석하는 시간 낭비는 하지 않겠다고 소리쳤고(그는 잭 다니엘스 씨와 아래층 바에서 선약이 있었고 나는 이를 나중에 알았다) 나는 총회에 참석했다.

내가 본 것과 들은 것은 놀라웠다. 강연자 두 명은 둘 다 어드바이저였고 업계에서 큰 성공을 거둔 사람들이었는데, 자신들의 세일즈 아이디어와 자신들이 어떻게 일을 했는지 얘기해주었다! 그런데 그들은 어떻게 본인들의 비결을 공유해줄 생각을 했을까? 사무실에 있는 내 동료들은 본인들의 업무 방식을 꽁꽁 숨기기 바빴고, 고객 파일 카드는 책상서랍에 넣고 잠그고 다녔는데 말이다. 어쨌거나 지역 총회도 이렇게 좋은데, 하물며 전국 규모의 컨벤션에 참석한다면 어떨까?

나는 무일푼이었지만 호텔을 예약하고 컨퍼런스 표를 샀다. 일찍 도착해서 이름표를 달고 등록을 받고 있는 홀이 사람들로 가득 채워지고 있는 모습을 바라보았다. 자비를 들여 참석한 사람은 아마 나 뿐인 것 같았다. 드디어 나는 첫 번째 행동을 개시하기로 했다. 마지막까지 빈자리로 남아있던 어느 신사의 옆자리에 앉았다. 그는 참석자들에게 주는 리플렛들을 파일에 넣고 있었다. 그는 내 반대쪽으로 몸을 돌린 채 앉아 있었고 나는 그의 주의를 끌기 위해 목소리를 가다듬은 다음, 나처럼 여기 처음 오신 거냐고 말문을 열었다.

그가 내게로 몸을 돌려 마주보고 앉자, 그의 이름표에 달린 리본과 휘장이 내 눈길을 사로잡았다!

나는 그 협회의 전 회장이자 업계에서 가장 존경받는 사람을 못 알아보고 말을 건 것이었다. 그는 나의 순진함에 껄껄 웃었고 웃다가 눈물이 나왔는지 눈물을 닦고는 (본인이 매우 바빴음에도 불구하고) 그 총회 형식 및 총회에서 본인이 기대하는 바를 설명해주었다. 그는 총회에서 모르는 사람에게 계속 말을 거는 연습을 하라고 조언했고, 그들에게 베스트 세일즈 아이디어를 물어보라고 했다. 그는 내 질문을 받은 모든 사람들이 기꺼이 나를 도와줄 것이라고 장담했다. 그리고 그의 말은 옳았다. 그러면서 그는 내게 본인이 고객에게 하는 프레젠테이션 중 하나를 보여주었는데, 그 프레젠테이션은 나의 세일즈 아이디어 모음집의 첫 번째 콜렉션이 되었으며, 지금도 고객 앞에서 그 프리젠테이션을 사용하고 있다. 그는 저녁에 만나면 나에게 도움을 줄 수 있는 가까운 지인들 몇 명을 소개시켜주겠다고 약속했다.

그 날의 일은 내 마음을 완전히 빼앗아 버렸다. 나는 프리젠테이션 기술과 바디랭귀지를 배웠고 실용적인 비즈니스 운영 팁, 목표 설정, 그리고 그날의 메인 강연이었던 역경을 이겨내는 엄청난 용기와 성공에 대한 이야기를 들었다. 여전히 충격이 가시지 않은 채로 나는 약속 장소로 갔다. 나는 거기서 런던 기반의 성공한 독립 어드바이저를 소개받았다. 간단한 소개를 하고, 대부분의 경우가 그렇듯, 긴긴 밤이 이어졌고 여기서 내 커리어의 새로운 장은 시작되었다.

위 사례에서 배운 교훈이 이 직업을 굉장히 멋지고 특별하게 만들어 주었다.

여러분도 본인 스스로를 교육하는데 시간을 투자하기 바란다. 이건 낭비가 아니다. 최고의 성과를 내는 자산, 바로 자신에 대한 투자이다.

알아야 하는 모든 것을 배우지 않았다면 여러가지 형태의 어드바이저 미팅 (예를 들어 MDRT미팅 등)에 꾸준히 참석하기 바란다. 한때 참석 했었다고? 그럼 지금은 왜 가지 않게 되었는가? 다시 참석해라. 거기 참석한 사람들과 강연자들에게 아이디어를 얻어라. 그런 미팅은 생계를 위한 직업 그 자체 보다는 거기에 무언가 특별한 것을 더하길 원하는 사람들로 조직된 곳이다. 그들은 자신들이 도움을 받은 것처럼 다른 이들을 돕는데 기꺼이 자신의 시간과 서비스를 제공할 사람들이다. 여러분도 그렇게 할 수 있다면, 남들에게 도움을 주기 바란다.

나는 세상 어떤 직업군에서도 '압도적으로 최고의 성과를 내는 사람들'이 '그렇지 않은 사람들'에게 손을 내밀어 함께 올라갈 수 있게 도와준다는 얘기를 들어본 적이 없다. 끊임없이 변경되는 규제와 반복되는 언론의 공격이 이 직업을 이렇게 강하게 만든 것이다.

그 날 저녁에 보낸 시간은 런던으로 돌아온 뒤에도 비록 컨퍼런스가 아닌 자리에서라도 그 사람들을 다시 만나야겠다고 결심하게 만들었다. 사교적인 생활에 뛰어든 것은 마침내 함께 일하자는 제안으로 이어졌다. 나의 새 멘토는 내가 절대로 잊지 못할 특별한 사람이었다. 그는 나를 위해서 본인의 명성마저 위태롭게 만들었다. 그의 세 명의 사업 파트너들이 반대했음에도 불구하고 그는 나에게 기회를 주어야 한다고 고집했다. 일을 시작하고 9개월 뒤, 나는 독립 어드바이저가 되었다.

첫 날 그는 내가 성공하는 데 필요한 모든 지원을 해주겠다고 약속했다. 그러나 동시에 "물고기를 주면 하루를 먹고 살게 해 줄 수 있다. 하지만 고기 잡는 법을 가르치면 평생을 먹고 살 게 할 수 있다"라는 격언도 인용했다. 그는 잡은 물고기를 주는 것만 빼고는 모든 것을 가르쳐주었다.

나는 유리천장에 대해서도 알게 되었다. 생명보험사에서 나는 동기들 중에서도 성공한 편으로 인식되었다. 갑자기 최소 실적 기준이 내가 운용하던 수준의 두 배나 되는 그룹으로 편입되었다. 그러나 이는 첫 번째 큰 도약의 핵심이었다. 바로 최소 실적 기준이었다. 소란 피우지 않고, 그냥 하기만 하면 됐다. 그래서 그렇게 했다. 나는 나 자신도 새 멘토도 실망시키고 싶지 않았다. 첫 달 나의 실적은 이전 실적의 다섯 배였다. 나는 한달만에 지난 9개월 동안 달성한 실적의 50%를 해치운 것이다. 왜 그렇게 할 수 있었냐고? 우리가 하는 일이 그거였으니까.

그 때부터 나는 나를 그렇게 만들어준 좋은 습관들을 유지했다. 나는 일하고, 또 일하면서도 끊임없이 배웠다. 나는 인당 생산성이 국내 최고인 네 사람들에게 둘러 쌓여 있는 모두가 부러워하는 위치에 있었다. 내가 그들의 시간을 존중하는 한, 그들은 묻지 않고 나를 도와주었다. 시간이 지나자 기준을 높이는데 도움을 주었던 다른 어드바이저들을 믿게 되고, 기준선이 계속 올라가면서 나의 최소 실적 기준도 올라갔다.

내 주위의 모든 사람들이 장단점을 가지고 있었다는 걸 알게 되면서, 그리고 좋은 점은 모방하고 나쁜 점은 버리는 것을 목표로 삼으면서, 성공하는 어드바이저가 되는 명확한 그림을 그릴 수 있게 되었다. 그들은 자신만의 방식으로 성공했고 나는 거기서 원하는 것만 고르고 선택할 수 있었다. 그들에게 둘러 쌓여 있는 것만으로도, 그들의 전화통화를 듣는 것만으로도, 그들이 약속을 잡고, 고객들을 어떻게 관리하는지 보는 것만으로도 돈 내고도 들을 수 없는 수업이었다. 이것은 우리가 기술적인 역량을 갖추기 위해 통과해야 했던 시험에서는 배울 수 없는 것이었다. 자격도 중요하지만, 내가 배웠던 이런 것들을 가르쳐주진 않는다. 최고의 비즈니스 교육은 내 삶의 기반도 다지게 해주었다. 이 직업에 발을 내딛은 누구라도 이 책을 읽고 자신을 도와줄 멘토를 찾을 것을 강력하게 추천한다. 나는 운이 좋았다. 네 명이나 찾았으니까. 그들은 가장 친한 친구로 남아있으며, 이 중 한 명은 우리 아들의 대부이다. 나도 이제는 누군가의 멘토가 되었다. 그가 바라는 성공을 이루고 다른 사람을 돕게 되는 것이 나의 바램이다.

그러나 시간이 흐르고 내 삶도 변했다. 결혼을 하고, 아들이 태어나기 직전이었다. 나는 새로운 도전을 원하고 있다는 걸 느꼈다. 런던에서 IFA로 일했던 때는 놀라움 그 자체였다. 국내 최고의 IFA들에게 배울 수 있는 특권을 누린 것이다. 나는 LIA 지부 미팅에서 강연을 시작하고 금융 언론사에 기고하기 시작했다. 금융 논평가로 TV와 라디오에 정기적으로 출연도 했다. 이 역시 LIA 지부 미팅에서 동료 강연자들에게 얻은 또 다른 팁이었다. 윈-윈의 또 다른 모범 사례인 것이다. 언론사들은 권위있는 정보원으로서 전문가를 얻었고 어드바이저로서 나는 미디어 노출과 신뢰도를 얻게 되는 것이다.

새 회사에서는 MDRT에 참석하도록 독려했다. 사실 멤버쉽 조건을 충족할 만한 실적과 자격이 되는 어드바이저에게 회사는 참가비와 항공권을 아낌없이 지원했다. 나는 LIA 컨퍼런스에서 MDRT 배지를 달고 있는 사람들을 본 적이 있다. 내가 말을 걸었던 이들 중 한 명은 강연자였던 MDRT 회장 소개 못지않게 나를 청중들에게 소개해주었다.

MDRT 회장과 만나면서 MDRT가 무엇을 중요하게 여기는지 알고 싶었다. 나는 참가 자격이 충족 되자마자 1999년 뉴올리언즈에서 열리는 연차총회에 참석했다. 처음 영국 컨퍼런스에 참석하고 3년이 지났지만 연차총회에서 본 것은 그 때만큼 놀라웠다. 연사들은 사람들의 웃음을 터뜨리게 만들었고 어떤 이들은 눈물을 흘리게 만들었다. 나는 50개국에서 온 6,000명의 사람들과 어울렸다. 적용되는 법칙은 같았다. 나는 아무에게나 가서 질문했고 그들은 본인의 아이디어를 나에게 나누어 주었다. 이름표에 리본을 달고 있는 사람들은 재무설계 업계의 최고를 나타내는 TOT(Top of the Table) 멤버(부록A 참고) 이다. 최고 중에 최고인 사람들이 그들의 비결을 나에게 공유해준다. 게다가 미팅 첫 참석자라는 것을 식별하기 위해 내 이름표는 색깔이 다르다. 덕분에 전혀 모르는 사람들도 내게 다가와서 내가 이룬 성과를 축하해 주었다. 두 명의 텍사스 사람들이 혼자서 약간 쑥쓰러워하고 있는 영국남자의 손을 잡고 흔들며 등을 쳐주는 모습을 상상해 보라. 여러분은 이 장면이 현실이 되기 위해 어떤 방법을 실행해야 하는지 알고 있을 것이다!

나는 아이디어를 가득 얻고, 한 층 성장했다는 느낌을 갖고 영국으로 돌아왔다. 나는 변화하였고, 이전보다 나아졌으며 보다 많은 경험을 하게 되었다. 나는 연차총회에 다시 참석하겠다고 결심했고, 결국 TOT 자격을 얻었다.

아내가 아들을 낳고 난 후 몇 달이 지난 어느 날, MDRT에 강연원고를 제출할 생각이 있냐는 전화를 받았다. 원고가 MDRT의 승인을 받게 되면, 캐나다 토론토에서 열리는 미팅의 오후 세션에서 연설할 수 있다는 것이다. 나를 ‘주목해서’ 선택한 것이 아닌, 내게 기회를 주는 것으로 보였다. 이전의 많은 사람들처럼, 세계 최고의 금융 서비스 컨퍼런스에 나 같은 사람에게 연설할 기회를 주는 것은 자신들의 명성에 흠이 될 수도 있을 것이다. 다시 한번 나는 그들에게 감사하고 빚을 지게 되었다. 이전에 내가 결심한 것처럼, 나 자신과 그들을 실망시키지 않을 것이다.

MDRT 연차총회에서 연설 요청을 받는다는 걸 상상해 본 적 있는가? 나는 믿기지 않았다. 밤낮으로 프리젠테이션을 만드는데 몰두해서 결국 완성했다. 당일까지도 연습하고 또 연습했다. 4년전 만난 전 회장은 너그럽게도 내 세션의 사회를 봐주기로 했다. 강당은 1,500명으로 가득 찼고, 다른 나라 말로 통역 되는 서비스를 받기 위해 몇몇은 헤드셋을 쓰고 있었다. 시간이 어떻게 지나갔는지도 모르겠지만, 큰 박수소리를 뒤로 한 채 연단을 내려가던 때는 아직도 기억난다. 지금까지 내 커리어에서 가장 멋진 일이었다고 생각한다.

너무나도 많은 친절한 응원과 격려 덕분에 이 책을 쓸 수 있었습니다. 이 책이 2002년도 MDRT연차총회에서 처음으로 판매된 그 순간은 내 인생에서 너무나 자랑스러운 순간이었으며, 그때 저는 영광스럽게도 2년 연속 강사 제안을 받았었습니다.

그래서, 이게 이 이야기의 끝이냐고요?

아닙니다. 아직 끝이 아닙니다. 저에게는 또 다른 페이지의 시작일 뿐입니다. 경험이 늘어날수록 현실로 만든 꿈들과 성취해낸 목표들로 채워져 있는 목표책(Goal Book)이 계속 자라고 있음을 보게 됩니다. 저는 말할 사람이 한 명도 없던 때에서 한번에 1,500명 앞에서 연설하게 되기까지의 방법에 대해 글을 썼습니다. 수년 간 제게 영향을 준 지식들이 더 진보했기를 바라고, 이를 여러분들에게 전해줄 수 있기를 바랍니다.

이 책에서 배운 것이 하나라도 있다고 생각된다면 다른 이에게도 정보를 전해주고 그들에게 도움을 주시기를 바랍니다.

이 책을 읽어주신 여러분들께 감사드립니다. 여러분의 건승을 기원합니다.

MDRT – 백만달러 원탁회의(Million Dollar Round Table). 재무상담가와 생명보험 에이전트들의 세계 최고의 조직으로 알려져 있다. 멤버쉽은 자격 조건을 달성해야 가능하며, 매년 자격조건이 올라간다. 'Top of the Table' 은 이 조건의 여섯 배를 달성한 사람들이다. MDRT에 소속된 상담가들은 고객의 이익을 최우선으로 한다는 윤리강령을 준수해야 한다.

LIA – 생명보험협회(Life Insurance Association). 영국의 대다수 상담가를 대표하는 조직. 규제 기관과 정부의 전문가, 지역 총회 프로그램을 통해 지속적인 교육을 하고 있는 열정적인 기획자들을 대표하는 최전선에 있는 조직. 결국에는 개인 재무 협회(Personal Finance Society (PFS))의 일부가 되었다.

A-1 에섹스의 LIA 지부 회의에서 만난 상담가로부터 기회의 그물에 대해 처음 듣게 되었다. 그러나 이후 영국 최고의 세일즈 트레이너인 피터 톰슨의 'The Achievers Edge'라는 오디오 카세트에서 다른 제목으로 우연히 이 개념을 듣게 되었다. 이 개념이 재무 서비스 분야가 아닌 다른 분야에서 시작되었거나, 나는 모르지만 이전에 출판된 적이 있다면 사과드린다.

A-2 색깔 일정 시스템은 LIA 의 공동설립자이자 전 회장인 켄 클라크가 발표 했던 LIA 지부회의에서 내가 메모한 시간 기록(Time Log)의 확장 버전이다.

A-3 간단한 사실조사 서류를 고객에게 보내고 성공적인 세미나를 여는 아이디어는 잉글랜드 리치필드에서 운영되고 있는 Legal & Financial Planning 의 레오 밀워드로부터 들었다.

A-4 이 아이디어는 LIA 영국 연례 컨퍼런스에서 알레산드로 포르테가 발표한것이며 이후 그들의 멤버십 매거진인 Prospect에서 다시 소개되었다.

A-5 업무를 위임하기 위해 활동 목록을 작성하는 것과 추천습관(Referability Habits™)은 댄 설리반이 쓰고 전략적 코치(Strategic Coach®)가 출판한 '최고는 어떻게 점점 더 나아지는가(How The Best Get Better™)'에서 읽은 것이다.

A-6 한 해 여러분의 실적의 최소 50%를 보여주는 계산은 말콤 킬민스터의 '새로운 비전(New Vision)'에서 참고했다. 이 책은 '60번의 소개'라는 원래 개념의 출처이기도 하다. 독자들이 이 책을 사기를 권한다. 미팅 시 회의록을 작성하는 것은 오랫동안 많은 비즈니스에서 표준 관행이었지만 제9장의 미팅 기록지(Tracker)라는 제목을 만든 사람은 말콤 킬민스터였다.

A-7 이 프로세스는 LIA 설립자인 클리브 홈즈가 발전시켰다.

A-8 MDRT 출판 '성공으로 이끄는 한 마디(Power Phrases for Success)'의 미국 켄터키 윌리엄 H 앨리에서 기인한 것이다.

A-9 존경받는 MDRT 회원이자 미국의 노스웨스턴 뮤추얼 라이프(NorthWestern Mutual Life)의 대표 알프레드 O 그래넘. 이런 통계를 만들어 낸 최초 연구의 책임자.

일일 포인트 시스템 - 내 연구는 나를 많은 길로 인도했다. 이 시스템은 여러 해 동안 다양한 형태로 이용된 것으로 보이며, 여러 프리젠테이션에 사용되었다. 1996년 내가 처음으로 참석한 생명보험 컨벤션에서 이 내용을 메모해 놓은 종이를 내 파일에서 발견했다. 이 종이는 내가 최고의 세일즈 아이디어와 효율성에 대한 아이디어를 물어보기 위해 다가간 수많은 사람들 중 한 명에게서 받은 것이다.

금융서비스

더 나아지는 것만 남았다. (It Can Only Get Better.). 토니 고든

새로운 비전(New Vision). 말콤 킬민스터

21세기 에이전트(The 21st Century Agent). 댄 설리반

펠드먼 기법(The Feldman Method). 앤드류 H 톰슨

고객 찾기

엮을 수 있는 힘(The Power to Get In). 마이클 보이란

미래의 약속(The Promise of the Future). 던컨 맥페슨

파이낸스(여러분의 재무에 대한!)

바빌론 최고의 부자(The Richest Man in Babylon). 조지 칼슨

빚 없이 돈 버는 4가지 법칙(The 4 Laws of Debt Free Prosperity). 블레인 해리스 & 찰스 쿤라트

놓치고 싶지 않은 나의 꿈 나의 인생 (Think and Grow Rich). 나폴레옹 힐

위임하기

두 사람의 힘(The Power of Two). 지나 펠레그리니-크리스트

자기계발

행복하기(Being Happy). 앤드류 매튜

무한한 힘(Unlimited Power). 토니 로빈스

내 안의 거인을 깨워라(Awaken the Giant Within). 토니 로빈스

아버지들을 위한 책...

60분 아빠(The Sixty Minute Father). 롭 파슨스

목표 설정

무엇이든 가능하다(The Sky is Not the Limit). 말콤 킬민스터

목표(Goals). 지그 지글러

고객/고객 서비스

마법의 순간(Moments of Magic). 쉡 히켄

저자에 대해서

이안은 1996년 생명보험 커리어를 시작했다.

회사 전속 상담가로 일한 지 5개월 후 그는 독립 재무상담가(IFA)가 되었다.

밀레니엄으로 들어서며, 그는 자신의 회사를 설립했다.

책을 쓰고 있는 2020년, 그는 영국 런던에서 가족 소유의 재무 설계 회사를 성공적으로 운영하고 있으며, 주로 회사 경영진, 개인사업가, 은퇴한 사람, 은퇴를 준비하는 사람들과 일하고 있다.

그는 현재 LIA, PFS 자선 단체(Charitable Foundation), MDRT 집행위원회에서 봉사하고 있다.

책에 대해서

이 책의 초판은 2001년에 쓰여졌고 2002년에 출판되었다.

이후 한국어로 번역 출판되었고 한국어판에는 일정 시스템(Full Diary System)이 포함되었다.

이 책은 2010년에 절판되었고 중고만 구할 수 있었다.

2쇄는 2020년 배포되었는데 영어판만 제작되었다.

일부 수정된 3쇄 역시 2020년에 종이책과 eBook으로 출판되었고, 한국어, 일본어, 중국어, 그리스어, 스페인어로 번역되었다.

감사합니다
허수창 (SOOCHANG STEVE HUR) MDRT 7년차 회원

COVID-19라는 누구나 처음 겪어 보는 팬데믹 속에서 영업에 대한 어려움에 놓여 있을 때 이언 그린의 책을 번역할 수 있는 기회가 주어졌습니다. 제게 큰 도전과 동기부여가 된 이언의 책은 그동안 MDRT연차총회 혹은 여러 세일즈 컨퍼런스에서 각각 책이나 강의로 알려져 오던 다양하고 효율적인 활동관리기법들을 함께 한 번에 이해하고 활용할 수 있도록 집대성한 결과물입니다.

이 책에서 이언이 알려준 내용들은 다시금 저의 활동관리 및 마인드셋에 부족한 부분이 무엇이었고, 어떻게 바로 잡아나가면 될 지를 제시해주는 지도가 되어 주었습니다. 이언은 이 책에서 우리의 일을 처음 시작하는 신입 어드바이저부터 업무 성과의 도약을 원하는 숙련된 어드바이저까지 자신을 업그레이드 할 수 있는 여러 방안을 제시해주고 있습니다. 동시에 실제 활용할 수 있는 여러가지 플래닝 예제 역시 제시해주고 있어 크게 도움이 됩니다. 활동의 기본과 정수를 담은 이언의 책을 통해 독자 여러분도 '최고의 어드바이저'가 되시길 기원합니다.